AF534509

Das Histaminintoleranz Kochbuch

80 leckere histaminfreie Rezepte für Frühstück, Mittagessen und Abendbrot

mit Tipps, Lebensmittel- und Medikamentenliste und Wochenplaner

1. Auflage

WirmachenDruck.de
Sie sparen, wir drucken!

Vorwort

Histamin ist für viele Menschen ein unbekannter Botenstoff, der in unzähligen Nahrungsmitteln wie zum Beispiel Tomaten oder verarbeitetem Fleisch enthalten ist. Für viele Menschen bleibt dieser Botenstoff auch lange unbekannt, da er im Körper keine ungewöhnliche Reaktion auslöst. Für den anderen zunehmenden Anteil der Menschen wird Histamin zum tagtäglichen Problem, das mit Nebenwirkungen wie zum Beispiel Kopfschmerzen oder Magengeschwür einher geht. Diese Gruppe von Menschen leiden an einer Histaminintoleranz.

Eine Histaminintoleranz ist kein ungewöhnliches Phänom, sondern wird in der heutigen Zeit immer häufiger von Ärzten diagnostiziert. Einige Menschen tragen schon von Geburt an eine chronische Histaminintoleranz mit sich und andere Menschen entwickeln diese Überreaktion im Verlauf Ihres Lebens. Falls Sie nach dem Verzehr von bestimmten Lebensmitteln oder Speisen mit Nebenwirkungen zu kämpfen haben, dann ist dieses Buch perfekt für Sie geeignet.

Dieses Buch erläutert genau was eine Histaminintoleranz ist und benennt auch die verschiedenen Gründe und Ursachen, die mit einer Histaminintoleranz verbunden sind. Es gibt zwar einige Therapieformen, die bei so einer Intoleranz Wirkungen zeigen können. Jedoch empfehlen Ärzte, die Auslöser zu eliminieren, die eine Histaminintoleranz im eigenen Körper auslösen oder begünstigen können. Mit der richtigen Diät staut sich im Körper nicht mehr so viel Histamin an und es kommt nicht zu den ursprünglichen Nebenwirkungen, die einen ansonsten stören. Medikamente, die histaminhaltig sind, sind ebenfalls zu vermeiden. Für beide Gruppen, also Nahrungsmittel und Medikamente, haben wir in diesem Ratgeber eine Liste von Nahrungsmitteln erstellen, die Sie vermeiden sollten. Ergänzend zu einer Diät, können

Vitamine den Abbau von Histamin fördern. Um welche Medikamente es sich dabei handelt, erfahren Sie ebenfalls in diesem Buch.

Lesen Sie dieses Buch von Anfang an mit Aufmerksamkeit, um direkt während der ersten Kapitel zu verstehen was eine Histaminintoleranz genau ist, wie diese Intoleranz ausgelöst wird und was mögliche Folgen von einer Überreaktion im Körper sind. Es kann auch nicht Schaden mit dem Arzt seines Vertrauens Absprache zu halten, um eine bestmöglichste Kombination von allen möglichen Therapieformen für Sie zusammenzustellen.

Inhaltsverzeichnis

Was ist eine Histaminintoleranz?

Eine Histaminintoleranz kann sich von Anfang oder auch im späteren Leben im Körper manifestieren. Doch was ist eine Histaminintoleranz überhaupt und wie kann man erkennen, ob man selbst an einer Intoleranz leidet oder nicht? Von einer Histaminintoleranz spricht man dann, wenn der Körper auf größere Mengen an Histamin mit einer Unverträglichkeitsreaktion reagiert. Histamin findet sich im eigenen Körper und in Lebensmitteln wieder. Lebensmittel, also ein externer Faktor, sind auch meistens für die Intoleranzreaktion im Körper verantwortlich. In Lebensmitteln wie zum Beispiel bestimmten Obstsorten entsteht Histamin durch den bakteriellen Abbau der Aminosäure Histidin. Lebensmittel wie Tomaten oder Spinat enthalten besonders viel Histamin und sollten auf Grund ihrer hohen Konzentration gänzlich vermieden werden.

Histamin selbst ist ein Botenstoff der im eigenen Körper, aber auch in einer großen Anzahl von Lebensmitteln vorhanden ist. Viele Betroffene merken von ihrer Histaminintoleranz erstmal nichts, aber haben nach dem Verzehr von bestimmten Lebensmitteln regelmäßig mit Symptomen wie zum Beispiel Kopfschmerzen oder einem Magengeschwür zu kämpfen. Bei einigen Menschen können sich die Symptome auch chronisch manifestieren.

So lästig eine Histaminintoleranz sein kann, so einfach lässt sie sich auch behandeln. Durch das Auslassen von bestimmten histaminhaltigen Medikamenten und histaminhaltigen Lebensmitteln kann man die Konzentration des körpereigenen Histamin regulieren. So verschwinden auch die Symptome mit denen man zu Anfang zu kämpfen hatte. Ein Arztbesuch und ein Test kann den Grad der Histaminintoleranz zudem besser bestimmen.

Was sind die Ursachen und Folgen von einer Histaminintoleranz?

Wer von einer Histaminintoleranz betroffen ist, fragt sich zuerst :„Was sind die Ursachen für meine Krankheit". Einer der Hauptursachen für eine Histaminintoleranz sind die Überschüsse an Histamin im eigenen Körper. Das kann zum Beispiel durch die Aufnahme von zu histaminhaltiger Nahrung passieren.

Um diesen Vorgang im Körper zu verstehen, müssen wir uns einige Grundfunktionen genauer anschauen. Wenn Histamin durch die Nahrung aufgenommen wird, wird es vom Körper verarbeitet und im Anschluss abgebaut. Das Enzym Diaminoxidase hat hierbei eine besonders wichtige Rolle, welches für den Abbau von Histamin verantwortlich ist. Bei Menschen mit einer Histaminintoleranz funktioniert dieses Enzym nur schwach oder sogar gar nicht und kann somit auch nicht seiner Aufgabe nachgehen.

Normalerweise wird das Histamin im Dünndarm durch das Enzym DAO abgebaut. Bei Menschen mit einer Histaminintoleranz ist dies nicht der Fall und die typischen Symptome wie Juckreiz oder Kopfschmerzen machen sich breit.

Viele Forscher gehen davon aus, dass diese wichtige Funktion, die nicht vorhanden ist, für die Histaminintoleranz verantwortlich sein könnte. Hierbei ist das Enzym Histamin-N-Methyl-Transferase auch nicht zu unterschätzen, was im Inneren der Zelle für den Abbau von Histamin sorgt. Bei Menschen mit einer Histaminintoleranz ist dieses Enzym ebenfalls in geringer Menge oder gar nicht vorhanden. So verzögert sich der Histaminabbau für Betroffene sowohl im inneren als auch im Äußeren der Zelle.

Nicht nur eine Fehlfunktion der Enzyme kann letztlich eine Histaminintoleranz herbeiführen. Auch Allergien können hierbei eine wichtige Rolle spielen. Bei Heuschnupfen zum Beispiel wird die Histaminproduktion im Körper sehr stark angeregt. Das hat zur Folge, dass sich im Körper mehr Histamin befindet, als gewohnt. Das Enzym DAO ist dann nicht mehr in der Lage das Histamin in der gewohnten Zeit abzubauen. So entwickelt sich mit der Zeit eine Histaminintoleranz, die sich auch chronisch manifestieren kann. Diese Form der Histaminintoleranz kann man sehr gut heilen, wenn man sie früh erkennt. Für die Allergie lassen sich Medikamente verschreiben, sodass der Körper nicht übermäßig Histamin produzieren muss.

Histaminhaltige Lebensmittel lösen nicht über Nacht eine Histaminintoleranz aus, aber können maßgeblich an der Krankheit und ihrem Prozess beteiligt sein. Hierfür haben wir eine Liste mit den histaminlastigsten Lebensmitteln wie zum Beispiel Tomaten zusammengestellt. Ein sehr starker Konsum von diesen Lebensmitteln, kann ebenfalls zu einem Überschuss von Histamin im eigenen Körper führen.

Neben gewöhnlichen histaminhaltigen Lebensmitteln, gibt es noch die sogenannten Histaminliberatoren. Histaminliberatoren müssen selbst kein Histamine enthalten, aber können die Freisetzung von Histamin im eigenen Körper fördern. Zu typischen Histaminliberatoren gehören zum Beispiel Schokolade oder Kakaopulver, die man nur in Maßen oder überhaupt nicht konsumieren sollte.

Durchschnittlich leidet 1-2% der Deutschen an den typischen Histaminsymptomen. Die Symptome und Folgen müssen nicht bei jedem Mensch gleich sein, sondern können stark voneinander variieren. Eine Histaminintoleranz macht sich am Anfang vor allem auf der Haut und an den Augen bemerkbar. Typische Symptome können zum Beispiel ein schlagartiger Hautauschlag im Gesicht mit

Rötungen sein. Auch ein Nesselausschlag auf der Haut ist nicht unübliches. Typisch ist auch ein Juckreiz auf der Haut und um die Augen herum. Um die Augen herum kann sich auch mehr Wasser ansammeln. Dadurch entstehen Schwellungen, die auch etwas lästig sein können. Folgen von diesen Ablagerungen können auch eine Bindehautentzündung oder eine Augenentzündung sein.

Das Nervensystem kann von einer Histaminintoleranz ebenfalls betroffen sein, wenn die externe Einnahme von Histamin nicht unterbrochen wird. Menschen, die von einer Histaminintoleranz betroffen sind, müssen am Anfang mit Kopfschmerzen kämpfen. Ursache für diese Schmerzen sind die erweiterten Blutgefäße im Gehirn. Diese Kopfschmerzen können sich intensiveren und auch eine Migräne auslösen, die im schlimmsten Fall chronisch werden kann. Auch Schwindel ist bei Betroffenen üblich. Zudem können Betroffene während des Tages mit einer gewissen Nervosität zu kämpfen haben. Das Energielevel sinkt und man fühlt schlapper und antriebsloser.

Die Symptome können sich auf den Magen-Darm Trakt ausweiten. Ein typisches Symptome ist zum Beispiel das Erbrechen. Durchfall ist auch sehr üblich, wenn die betroffene Person zum Beispiel ein Glas Rotwein trinkt, was ebenfalls sehr histaminreich ist. Nach dem Verzehr von histaminhaltigen Lebensmitteln fühlt man sich meistens aufgebläht um den Bauchbereich herum. Bauchschmerze und Krämpfe um den Bauchbereich herum sind auch typische Symptome von einer Histaminintoleranz.

Die Atemwege können mit der Zeit auch immer stärker von einer Histaminintoleranz betroffen sein. Am Anfang stellt sich meistens eine verstopfte und laufende Nase ein. Im Alltag muss man vermehrt niesen, obwohl man überhaupt nicht erkältet ist. Die Atemwege können sich grundsätzlich verengen, was auch schwere gesundheitliche Folgen mit sich tragen kann. Manchmal haben betroffene Menschen auch mit einem Asthmaanfall oder mit

Atemnot zu kämpfen.

Das Herz-Kreislauf-System ist ebenfalls von einer Histaminintoleranz betroffen. Am Anfang haben betroffene Menschen mit einem niedrigen Blutdruck zu kämpfen bzw. mit einem Blutdruck, der rapide abfällt. Ein schneller Puls kann ebenfalls eine typische Folge von einer zu starken Anreicherung von Histamin im eigenen Körper sein. Einige Betroffene berichten auch darüber, dass sie plötzlich zusätzliche Herzschläge wahrnehmen. Herzrasen kann bei einer Histaminintoleranz folglich auch zum Problem werden.

Grundsätzlich unterscheidet man bei den Folgen zwischen akuten Histamin-Symptomen und chronischen Histamin-Symptomen. Von akuten Symptomen spricht man dann, wenn die Beschwerden auf einmal auftauchen wie zum Beispiel nach dem Verzehr von histaminhaltigen Lebensmitteln. Die Symptome sind dann auch nur von bestimmter Dauer wie zum Beispiel 40 Minuten und verschwinden dann wieder. Bei chronischen Histamin-Symptomen handelt es sich genau um das Gegenteil. Die Beschwerden manifestieren sich langfristig wie zum Beispiel Herzrasen und kommen auch dann zum Vorschein, wenn man keine histaminhaltigen Lebensmittel verzehrt hat.

Was kann man gegen eine Histaminintoleranz tun?

An Hand der Symptome können Sie sehr gut erkennen, ob Sie selbst an einer Histaminintoleranz leiden oder nicht. Der nächste wichtige Schritt ist die Behandlung der Histaminintoleranz. Eine Intoleranz im Körper baut sich nicht über Nacht ab. Durch konkrete Schritte ist es aber möglich, die Symptome zu reduzieren und somit das Schmerzempfinden zu senken. Die besten Tipps und Tricks sind in den nächsten Abschnitten aufgelistet.

Das Arztgespräch suchen: Auch wenn man vieles selbst machen kann, schadet es nicht zuerst den eigenen Arzt aufzusuchen. Vereinbaren Sie eine Sprechstunde mit Ihrem Hausarzt und berichten Sie ihm von Ihren Symptomen. Seien Sie beim Gespräch ehrlich, damit der Arzt auch die passenden Untersuchungen durchführen kann und verschweigen Sie nichts beim Gespräch. Für gewöhnlich wird der Arzt dann einen Provokationstest durchführen. Mit einem Provokationstest lässt sich auch besser feststellen für welche Lebensmittel man am stärksten anfällig ist und für welche nicht.

Histaminhaltige Medikamente vermeiden: Auch wenn man es zuerst nicht vermuten würde, können sich in Medikamente relativ viel Histamin wiederfinden. Die Konzentration kann bei jedem Medikament unterschiedlich sein. Wenn Sie Ihre Medikamente mit zur Sprechstunde nehmen, kann der Arzt einfacher feststellen, ob Ihre eigenen Medikamente die starke Reaktion im Körper auslösen. Werfen Sie hierfür auch einen Blick auf die Liste von histaminhaltigen Medikamenten, die wir für Sie erstellt haben. Mit dieser Liste können Sie schon vorab bestimmten welche Medikamente zum Beispiel als Risikofaktor gelten könnte.

Histaminhaltige Lebensmittel meiden: Mit histaminhaltigen Lebensmitteln kann sich die Intoleranz im Körper verschlimmern. Deswegen ist es so wichtig diese Lebensmittel ganz aus dem Ernährungsplan zu verbannen. Auf unserer Liste zu histaminhaltigen Lebensmitteln finden Sie eine Aufzählung von Lebensmitteln, die dazu gehören.

Einen Ernährungsplan aufstellen: Pläne erleichtern uns das Leben und vor allem den Weg unsere Ziele zu erreichen. Bei der Ernährung ist es ähnlich. Durch Abwechslung und einen Plan, wird es Ihnen einfacher fallen sich an eine histaminarme Diät zu gewöhnen. Mit unseren histaminarmen Rezepten können Sie einfach und unkompliziert einen Ernährungsplan aufstellen. Mit der großen Auswahl an Frühstücksideen, Mittagessen und Abendessen können Sie jeden Tag selbst bestimmen, was auf den Teller kommt.

Einnahme von Vitaminen: Die Einnahme von bestimmten Vitaminen kann zum Abbau von Histamin im eigenen Körper beitragen. Dazu gehört zum Beispiel Vitamin B6. Wenn Sie selbst an einer Histaminintoleranz leiden, können Sie den Abbau von Histamin in Ihrem Körper mit diesem Vitamin unterstützen. Die tägliche Zufuhr sollte dabei natürlich nicht überschritten werden.

Liste von histaminhaltigen Lebensmitteln, die man meiden sollte

Fleisch: Fleischkonserven, Trockenfleisch, Speck, verarbeitetes Fleisch, Bratwurst und andere Wurstsorten.

Fisch: Fischkonserven, eingelegte Fische, Thunfisch, Hering, Sardellen, Makrele.

Milchprodukte: Gereifter Käse, Hartkäse, Weichkäse, Schimmelkäse, Fondue.

Getreide: Hefeteig, Sauerteig.

Gemüse: Tomaten, Sauerkraut, Spinat, Aubergine, Avocado, Oliven, Steinpilze.

Früchte: Erdbeeren. Himbeeren, Orangen, Ananas, Kiwi, Guave, Papaya, Grapefruit.

Gewürze: Zu viel Essig, sehr scharfe Gewürze.

Schokolade: Kakao. dunkle Kakaomasse.

Getränke: Alkoholische Getränke, Energydrinks, Sojamilch.

Liste von histaminhaltigen Medikamenten, die man meiden sollte

Röntgenkontrastmittel

Einige Schmerzmittel: Acetylsalicylsäure, Diclofenac, Metamizol, und Morphin.

Einige Mittel gegen Bluthochdruck: Dihydralazin, Alprenolol.

Einige Antibiotika: Neomycin, Vancomycin.

Einige Asthmamittel: Aminophyllin, Theophyllin.

Antidepressiva.

Mittel gegen Sodbrennen.

Krebs- und Rheumamittel wie z.B. Cyclophosphamid

Der Wochenplaner

Klicken oder kopieren Sie einfach den Link und Sie können den Plan downloaden.

Beachten Sie dabei genug Dosen parat zu haben. Das ganze Essen für die Woche muss schließlich kühl und dicht verschlossen werden.

Hier geht es zu Ihrem Wochenplaner:

https://cutt.ly/noEb2X (in Groß) – Auf nächster Seite in klein.

MEIN WOCHENPLANER

WOCHE:

	FRÜHSTÜCK	MITTAGESSEN	ABENDESSEN	SNACKS
MO				
DI				
MI				
DO				
FR				
SA				
SO				

EINKAUFSLISTE

Histaminarme Rezepte

Die Ernährung ist das A und O, wenn es darum geht die Histaminintoleranz im Körper zu behandeln. Wenn Sie zu viel Histamin zu sich nehmen, kann das Enzym DAO das Histamin nicht mehr rechtzeitig abbauen und es staut sich zu viel Histamin im eigenen Körper an. Die Folge sind die benannten Symptome. Um den entgegenzuwirken, können Sie mehr histaminarme Rezepte in Ihren täglichen Ernährungsplan integrieren. Wir wollen Ihnen bei der Zusammenstellung Ihres Ernährungsplan freie Hand lassen und haben Ihnen daher 80 histaminarme Rezepte zusammengestellt, die Sie zum Frühstück, Mittagessen und Abendessen zubereiten können.

Histaminarmes Frühstück

Haferfrühstück mit Heidelbeeren

Zubereitungszeit: 10 Minuten

Schwierigkeitsgrad: Besonders einfach

Zutatenliste für mehrere Portionen:

1 El Zimt, ½ El Honig, 4 El Haferflocken, 100 ml Mandelmilch, 2 El Heidelbeeren

Zubereitung:

1.) Die Heidelbeeren mit Wasser waschen. Die Beeren in einem Sieb abtropfen. Beeren in einer Schüssel verteilen.

2.) Mit Haferflocken bestreuen. Milch hinein gießen. Über Nacht die Zutaten ziehen lassen.

3.) Am nächsten Morgen mit Zimt und ½ El Honig darüber gießen und genießen.

Knuspriges Müsli aus dem Ofen

Zubereitungszeit: 20 Minuten

Schwierigkeitsgrad: Einfach

Zutatenliste für mehrere Portionen:

200 g 5 Kornhaferflocken, 40 g Haferkleie, 2 El Öl, 1 Prise Zimt, 80 g weiße Schokolade, 1 El Zuckerrübensirup, 5 El Espresso,

Zubereitung:

1.) Den Haferklei mit den Haferflocken in eine Schüssel geben. Die Zutaten miteinander vermischen.

2.) Espresso kochen. Espresso für einige Minuten abkühlen lassen.

3.) Rapsöl und Zuckerrübensirup mit dem Espresso vermengen. Flüssige Zutaten mit den Flocken vermischen.

4.) Backpapier auf einem Backblech auslegen. Das Knuspermüsli darauf verteilen. Müsli für 20 Minuten bei 180 Grad backen.

5.) Weiße Schokolade zerschnippeln. Schokolade zu dem Müsli geben.

Couscous zum Frühstück

Zubereitungszeit: 10 Minuten

Schwierigkeitsgrad: Einfach

Zutatenliste für mehrere Portionen:

1 Prise Zimt, 1 El Butter, 70 g Couscous, 250 ml Mandelmilch, 150 g Aprikosen, 40 g Honig

Zubereitung:

1.) Die Mandelmilch in einem Mittelgroßen Topf aufkochen lassen.

2.) Die Aprikosen putzen. Obst in kleine Stücke schnippeln. Den Couscous leeren und für 10 Minuten weichkochen lassen. Couscous mit dem Topf von der Pfanne nehmen. Pfanne auf dem Herd erhitzen.

3.) 1 El Butter darin schmelzen. Die Aprikosenstücke in die Pfanne geben und mit Zimt bestreuen. Aprikosen für 7 Minuten dünsten lassen. Couscous in eine Pfanne geben. Aprikosenstücke in der Schüssel verteilen. Honig untermischen.

Haferflockenfrühstück mit Früchten

Zubereitungszeit: 20 Minuten

Schwierigkeitsgrad: Einfach

Zutatenliste für mehrere Portionen:

1 El Agavendicksaft, 1 Mango, 80 g Haferflocken, 260 ml Mandelmilch, 1 El Leinsamen, 2 El Honig, 1 El Kokosraspeln

Zubereitung:

1.) Die Mango schälen. Den Kern in der Mitter herausschneiden. Die Mango in kleine Stücke würfeln. Die Chiasamen für 15 Minuten in der Mandelmilch quellen lassen. So sind die Samen für Ihre Verdauung später besser verarbeitbar.

2.) Die Haferflocken dazu mischen und gut miteinander vermengen. Die Zutaten in einer großen Schüssel vermischen. Mit Kokosraspeln garnieren.

Gesunder und einfacher Chiapudding

Zubereitungszeit: Maximal 10 Minuten

Schwierigkeitsgrad: Einfach

Zutatenliste für mehrere Portionen:

1 Prise Zimt, 3 Datteln, 180 g Kirschen, 10 ml Chiasamen, 250 ml Mandelmilch, 20 g Pistazien, 10 g Leinsamen

Zubereitung:

1.) Die Datteln zuerst entkernen. Die Chiasamen für 15 Minuten in der Milch quellen lassen. Danach die Leinsamen in die Milch geben und für weitere 10 Minuten quellen lassen.

2.) Die Kirschen entsteinen. Die Kirschen in einem Handmixer zu Püree verarbeiten. Den Pudding in einem Glas anrichten.

3.) Zuerst die Chiamischung und dann die Kirschen. Zum Schluss mit den Datteln garnieren.

Fruchtiges Müsli

Zubereitungszeit: 5-10 Minuten

Schwierigkeitsgrad: Einfach

Zutatenliste für mehrere Portionen:

Eine Prise Zimt, 1 Birne, 1 Mango, 50 g Haferflocken, 300 ml Kokosmilch, 50 g Haferflocken, 40 ml Naturjoghurt, 2 El Honig, 30 g Pistazien, 40 ml Buttermilch

Zubereitung:

1.) Die beiden Flocken in der Kokosmilch quellen lassen. Die Buttermilch mit dem Naturjoghurt vermischen. Am Ende sollte ein möglichst samtiger Brei übrig bleiben. Die Mango waschen und von der Schale befreien. Die Mango entkernen. Das Fruchtfleisch der Mango klein würfeln.

2.) Etwas Honig über die Mangowürfel gießen. Die Birne schälen. Obst in kleine Würfel schnippeln.

3.) Die Zutaten geben Sie dann in eine Schüssel. Zutaten gründlich miteinander vermischen und eine Prise Zimt darüber streuen.

Smoothie mit Beeren

Zubereitungszeit: 5 Minuten

Schwierigkeitsgrad: Besonders einfach

Zutatenliste für mehrere Portionen:

150 ml Quark, 1 El Honig, 150 g Babyspinat, 20 g Sellerie, 200 g Heidelbeeren, 150 ml Reismilch

Zubereitung:

1.) Das Gemüse klein schnippeln.

2.) Alle Zutaten in einen großen Mixer verteilen.

3.) Zutaten für wenige Minuten pürieren und den Smoothie genießen.

Histaminarmer Pfannkuchen

Zubereitungszeit: 10 Minuten

Schwierigkeitsgrad: Einfach

Zutatenliste für mehrere Portionen:

1 El Agavendicksaft, 1 El Zimt, 120 g Weizenmehl, 2 Eier, 130 ml Kokosmilch, 200 g Preiselbeeren, 1 Tl Backpulver, 1 El Puderzucker

Zubereitung:

1.) Die Eier in einer Schüssel aufschlagen. Das Eiweiß von dem Eigelb trennen. Das Eiweiß in einer Schüssel bei Seite stellen. Die Eier mit einem Mixer steif schlagen. Die Sahne unterrühren und mit dem Mixer für 1 Minute vermischen. Mehl und 1 El Backpulver untermischen. Nun vermengen Sie die Zutaten. Am Ende sollte ein glatter Teig übrig bleiben.

2.) Das Eiweiß für 3 Minuten schaumig schlagen. Puderzucker zu dem Eiweiß geben und gut vermischen. Die Mischung nun zu der anderen Eimischung unterheben. Eine Pfanne mit Öl einfetten. Den Teig in die Pfanne gießen.

3.) Für mindestens 5 Minuten den Teig braten und dann wenden. Teig auch von der anderen Seite braten. Sobald der Pfannkuchen fertig ist, in einem Teller servieren und die Preiselbeeren darüber streuen.

Histaminarmes Omelette mit Gemüse

Zubereitungszeit: 10 Minuten

Schwierigkeitsgrad: Einfach

Zutatenliste für mehrere Portionen:

3 Eier, 120 g Kochschinken, 1 Zwiebel, ½ Knoblauchzehe, ½ Handvoll Schnittlauch, 1 Prise Salz, 1 El Öl, 1 Zucchini

Zubereitung:

1.) Die halbe Knoblauchzehe und die Zwiebel mit dem Küchenmesser zerkleinern. Schinken in sehr kleine Würfel unterteilen. Zucchini putzen und schälen. Zucchini danach fein raspeln. Zucchinis mit Salz bestreuen und für 2 Minuten ziehen lassen.

2.) Schnittlauch fein hacken. Knoblauchstücke durch eine Presse geben. Die Eier aufschlagen und mit einem Mixer schaumig schlagen. Das Gemüse zu den Eiern geben und gut miteinander vermengen.

3.) Eine Pfanne mit Öl einfetten. Den Teig in die Pfanne geben. Solange braten bis Omelettes entstehen.

Histaminarmes Rührei mit Käse

Zubereitungszeit: Maximal 10 Minuten

Schwierigkeitsgrad: Einfach

Zutatenliste für mehrere Portionen:

3 Eier, ½ Handvoll Schnittlauch, 15 ml Mineralwasser, 80 g Schafskäse, 1 El Öl, Pfeffer, Salz

Zubereitung:

1.) Den Schnittlauch müssen Sie putzen und fein hacken. Eier aufschlagen und in einer Schüssel miteinander verquirlen. Schnittlauch hinzufügen und mit den restlichen Zutaten mischen.

2.) Eine Pfanne mit Öl einfetten. Die Eiermischung in der Pfanne verteilen.

3.) Die Eier zu Rührei verarbeiten. Salzen und Pfeffern. Zum Schluss den Schafskäse zerbröseln und über dem Rührei verteilen.

Histaminarme Bagels zum Frühstück

Zubereitungszeit: 70 Minuten

Schwierigkeitsgrad: Mittel

Zutatenliste für mehrere Portionen:

Pfeffer, Salz, 80 g Dinkelvollkornmehl, 350 g Weizenmehl, 200 ml Wasser, 1 Packung Hefe, 2 El Öl, 1 El Honig, 50 g Preiselbeermarmelade, 30 g Walnüsse, 2 El Rohrzucker

Zubereitung:

1.) Am frühen Morgen geht es doch nicht über einen klassischen amerikanischen Bagel. Diesen Bagel kann man auch ganz histaminarm zubereiten. Der Zucker wird mit dem Hefe im lauwarmen Wasser aufgelöst. Das sollte solange dauern bis keine Klümpchen mehr zu sehen sind.

2.) Das Mehl müssen Sie mit dem Salz vermischen. Die Hefe untermengen. Die Zutaten können Sie dann zu einem gleichmäßigen Teig verteilen. Den Teig mit den Händen kneten. Den Teig mit einem Tuch abdecken und für 50 Minuten ziehen lassen. Den Backofen können Sie auf 220 Grad aufheizen.

3.) Den Teig herausnehmen und zu einer Bagelform formen. Backblech mit einem Backpapier belegen. Einen Topf mit Wasser aufheizen und den Honig mit aufkochen lassen. Die Bagel darin eintauchen und dann wieder herausholen. Die eingetauchten Bagels müssen Sie auf dem Backblech verteilen. Bagels im Backofen für 50 Minuten backen.

4.) Die Bagels mit der Marmelade bestreichen und nach Belieben belegen.

Histaminarme Rosinienbrötchen

Zubereitungszeit: 30 Minuten

Schwierigkeitsgrad: Einfach

Zutatenliste für mehrere Portionen:

40 ml Buttermilch, 40 g Butter, 1 Prise Zimt, 300 g Dinkelmehl, 80 ml Mandelmilch, 1 Ei, 30 g Rosinen, ½ Tl Natron, 1 Tl Backpulver, 250 g Cashewkerne, 1 El Honig

Zubereitung:

1.) Den Backofen müssen Sie auf 200 Grad erhitzen. Den Honig und die Cashewkerne bei Seite stellen und die restlichen Zutaten können Sie in einer Schüssel für 4 Minuten vermischen. Die Zutaten gut durchkneten.

2.) Bestreuen Sie den Arbeitsplatz mit Mehl. Mit dem Nudelholz den Teig ausbreiten. Den Teig in sechs gleich große Teile unterteilen. So lässt sich der Teig besser in kleine Brötchen formen.

3.) Legen Sie ein Backpapier auf dem Backblech. Die Brötchen verteilen Sie auf dem Backpapier. Die Brötchen im Ofen für 20 Minuten backen. Die Cashewkerne mit dem Honig in einem Mixer zu einer Paste verarbeiten. Die Rosinenbrötchen zum Schluss mit der Paste bestreichen.

Histaminarme Quark-Brötchen

Zubereitungszeit: 20 Minuten

Schwierigkeitsgrad: Einfach

Zutatenliste für mehrere Portionen:

1 Prise Zimt, 350 g Heidelbeeren, 150 g Dinkelmehl, 120 g Quark, 40 g Rohrzucker, 1 Ei, ½ Natron, 1 El Backpulver, etwas Öl zum Braten, 2 El Chiasamen, 30 g Butter

Zubereitung:

1.) Den Backofen auf 200 Grad vorheizen. Die Zutaten können Sie mit einem Mixer gleichmäßig vermengen. Es sollte ein gleichmäßiger Teig übrig bleiben.

2.) Eine Arbeitsfläche mit etwas Mehl bestreuen. Den Teig auf die Arbeitsfläche geben und mit einem Nudelholz ausrollen. Mit dem Messer oder einem Formen 5 gleich große Stücke herausschneiden.

3.) Die Brötchen auf einem Backpapier auslegen und im Backofen für 20 Minuten auf 200 Grad Hitze backen. Die Heidelbeeren in einem Mixer pürieren. Die Chiasamen in Wasser aufquellen lassen und dann mit den Beeren vermengen.

4.) Die Brötchen können aus dem Ofen genommen werden. Lassen Sie die Brötchen für 3 Minuten kühlen und bestreichen Sie diese dann mit dem Muß.

Histaminarmes Dinkelbrötchen

Zubereitungszeit: 25 Minuten

Schwierigkeitsgrad: Einfach

Zutatenliste für mehrere Portionen:

1 Prise Salz, 1 Packung Backpulver, 200 ml Mandelmilch, 40 g Walnüsse, 250 g Dinkelmehl

Zubereitung:

1.) Den Backofen auf 200 Grad vorheizen. Die Zutaten in eine Schüssel geben.

2.) Die Zutaten in der Schüssel mit dem Handmixer vermengen, sodass eine fluffige und gleichmäßige Masse entsteht. Bestreuen Sie die Arbeitsfläche mit etwas Mehl. Legen Sie den Teig auf die Arbeitsfläche.

3.) Den Teig mit dem Nudelholz dünn ausrollen. Aus dem Teig 5 gleich große Brötchen kreieren. Ein Backblech mit Backpapier belegen. DIe Brötchen auf dem Backpapier verteilen. Die Dinkelbrötchen für 10 bis 15 Minuten im Backofen backen. Die Brötchen lassen sich mit jeder Konfitüre nach Wahl bestreichen.

Histaminarme Waffeln

Zubereitungszeit: 30 Minuten

Schwierigkeitsgrad: Einfach

Zutatenliste für mehrere Portionen:

1 Prise Zimt, 2 Tl Puderzucker, 200 ml Mandelmilch, 250 g Dinkelmehl, 2 Eier, Eine halbe Packung Backpulver, 60 g Rohrzucker, 140 g Butter, 1 Tl Salz

Zubereitung:

1.) Waffeln gehören zu den liebsten Speisen am Morgen. Leider können konventionelle Waffeln aus dem Supermarkt viel Histamin erhalten. Mit diesem Rezept können Sie Ihre Waffeln ab sofort histaminfrei genießen. Die Butter mit dem Salz und dem Zucker in eine gemeinsame Schüssel geben. Die Zutaten mit dem Handmixer auf der höchsten Stufe kräftig durchschlagen.

2.) Danach die Eier unterrühren und weiterschlagen. Vermischen Sie das Backpulver mit Mehl. Dann den restlichen Teig unterrühren. Wieder den Handmixer verwenden, um die Masse schaumig zu schlagen. Milch untermischen.

3.) Das Waffeleisen mit ein bisschen Öl oder Butter einfetten. Die Masse in das Waffeleisen geben und wie gewohnt Waffeln zubereiten. Mit diesen Waffeln lassen sich Puderzucker und ein bisschen Obst sehr gut kombinieren.

Einfaches Porridge ohne Histamin

Zubereitungszeit: 10 Minuten

Schwierigkeitsgrad: Besonders einfach

Zutatenliste für mehrere Portionen:

160 g Haferflocken, 1 Prise Zimt, 550 ml Mandelmilch, 1 Prise Salz

Zubereitung:

1.) Erhitzen Sie die Milch in einem Topf. Sofort danach die Haferflocken dazugeben und durchrühren. Zimt darüber streuen und für wenige Minuten köcheln lassen, sodass eine gleichmäßige Masse entsteht. Eine Prise Salz darüber streuen.

2.) Zu diesem einfachen Grundrezept können Sie jede Art von Nüssen und Früchten servieren, die kein Histamin enthalten. Macademianüsse eignen sich zum Beispiel sehr gut.

Histaminarme Brötchen mit Hüttenkäse

Zubereitungszeit: 70 Minuten

Schwierigkeitsgrad: Einfach

Zutatenliste für mehrere Portionen:

250 g Hüttenkäse, 3 Eier, 50 g Flohsamenschalen, 1 Prise Salz, 1 Packung Backpulver, 10 g Sesam

Zubereitung:

1.) Den Backofen müssen Sie zuerst auf 150 Grad vorheizen.

2.) Eier in einer Schüssel aufschlagen. Hüttenkäse untermischen. 1 Prise Salz darüber geben. Sesam, Backpulver und die Flohsamenschalen dazugeben. Die Zutaten mit einem Handmixer vermischen und zu einer homogenen Masse verarbeiten. Den Teig dann für 10 Minuten quellen lassen. Wenn Sie diesen Vorgang verschnellern wollen, können Sie einfach ein Tuch über die Teigschüssel stölben.

3.) Eine Arbeitsfläche mit etwas Mehl bestreuen. Den Teig auf der Arbeitsfläche ausbreiten. Den Teig in 8 gleich große Brötchen unterteilen.

4.) Ein Backblech mit Backpapier auslegen. Die 8 Brötchen auf dem Backpapier verteilen. Die Brötchen für 1 Stunde im Backofen backen.

Histaminarme Zimtsterne

Zubereitungszeit: 1 Stunde

Schwierigkeitsgrad: Einfach

Zutatenliste für mehrere Portionen:

85 g Mandeln, Zimt, 60 g Puderzucker, 1 Tl Honig, 10 g Eiweiß

Zubereitung:

1.) Diese histaminarmen Zimtsterne eignen sich nicht nur für ein leckeres Sonntagsfrühstück, sondern auch als leckerer Snack für zwischendurch. Die Mandeln müssen im Mixer gemahlenen werden. Falls Sie diesen Schritt überspringen wollen, können Sie auch gemahlene Mandeln aus dem Supermarkt kaufen.

2.) Geben Sie den Puderzucker in eine Schüssel. Honig, Zimt und Mandeln dazugeben und vermengen. Die gemahlenen Mandeln untermischen. Die Masse durch einen Handmixer zu einem gleichmäßigen Teig verarbeiten. Den Backofen auf 140 Grad vorheizen.

3.) Legen Sie das Backblech mit Backpapier aus. Den Teig auf dem Backpapier ausrollen. Mit passenden Formen oder mit einem Messer Zimtsterne herausstechen.

4.) Eiweiß mit dem Puderzucker steif schlagen. Die Zimtsterne mit der Zuckerglasur bestreichen.

5.) Die Zimtsterne für 15 Minuten backen.

Pfannkuchen ohne Histamin und ohne Gluten

Zubereitungszeit: 20 Minuten

Schwierigkeitsgrad: Einfach

Zutatenliste für mehrere Portionen:

130 g glutenfreie Mehlmischung, 1 Prise Zimt, 1 Prise Salz, 2 Eier, 15 g Zucker, 200 ml Mandelmilch, 3 El Öl

Zubereitung:

1.) Milch und Zucker in eine gemeinsame Schüssel geben. Eier aufschlagen und unterrühren. Eine Prise Salz darüber streuen. Die Mehlmischung dazugeben. Die Zutaten mit einem Handmixer zu einem gleichmäßigen Teig verarbeiten.

2.) Eine Pfanne mit Öl einfetten. Den Teig vorsichtig in die Pfanne geben. Die Pfannkuchen von beiden Seiten braten.

3.) Sehr gut lässt sich dieser Pfannkuchen mit Heidelbeeren und Ahornsirup servieren.

Herzhafte Muffins zum Frühstück

Zubereitungszeit: 40 Minuten

Schwierigkeitsgrad: Einfach

Zutatenliste für mehrere Portionen:

80 g Dinkelmehl, 1 Prise Zimt, 1 Prise Salz, ½ Tl Backpulver, 80 ml Milch, 6 kleine Oliven, 40 g Schafskäse, 30 g Eier, 20 ml Olivenöl

Zubereitung:

1.) Die Oliven vierteln und den Schafskäse zerbröseln. Geben Sie das Ei und die Milch in eine Schüssel. Vermischen Sie die beiden Zutaten miteinander. Öl untermischen und gut mit den Zutaten vermengen. Backpulver mit dem Mehl vermischen. Salz únd Oregano hinzufügen und gut miteinander vermengen. Beide Zutaten mit einem Handmixer zu einem gleichmäßigen Teig verarbeiten.

2.) Am Ende die Oliven und den Schafskäse unterheben. Den Backofen auf 160 Grad vorheizen. Ein Muffinblech mit Papierförmchen auslegen. Füllen Sie den Teig in die Förmchen.

3.) Backen Sie die Muffins im Backofen für 25 Minuten.

Histaminarmes Mittagsessen

Kokossuppe

Zubereitungszeit: 30 Minuten

Schwierigkeitsgrad: Einfach

Zutatenliste für mehrere Portionen:

Meersalz, Pfeffer, 400 ml Kokosmilch, 200 g Garnelen, 1 Knoblauchzehe, 1 Zwiebeln, 1 Handvoll Petersilie, Öl zum Braten

Zubereitung:

1.) Einen Topf mit Kokosmilch auffüllen und aufkochen lassen. Eine Pfanne mit Öl einfetten. Die Zwiebeln und die Knoblauchzehe zerkleinern und in der Pfanne glasig braten. Nach 5 Minuten die Garnelen in die Pfanne geben und von beiden Seiten glasig braten. Garnelen mit Pfeffer und Meersalz würzen.

2.) Nach 5 Minuten die Zutaten mit der Kokosmilch übergießen. Petersilie fein schnippeln und darüberstreuen.

3.) Für mindestens 15 Minuten weiter kochen lassen und die Kokossuppe in einem tiefen Teller oder in einer Schüssel anrichten.

Histaminarme Suppe mit Fisch

Zubereitungszeit: 15 Minuten

Schwierigkeitsgrad: Besonders einfach

Zutatenliste für mehrere Portionen:

Meersalz, Pfeffer, 200 g Fischfilet, 1 Knoblauchzehe, 1 Zwiebel, ½ Stange Lauch, 250 ml Gemüsebrühe, 150 ml Kokosmilch, 1 Handvoll Petersilien, Öl zum Braten

Zubereitung:

1.) Die Petersilien waschen . Schnippeln Sie die Petersilien auf einer sauberen Arbeitsfläche klein. Danach erstmal bei Seite stellen. Den Fisch können Sie dann in kleine Streifen schneiden. Zwiebeln fein hacken. Knoblauch durch eine Knoblauchzehe pressen. Den Strunk vom Lauch entfernen und in kleinere Stücke verarbeiten.

2.) Eine Pfanne mit Öl einfetten und erhitzen. Knoblauch und Zwiebeln in der Pfanne andünsten. Den Lauch nach 2 Minuten hinzufügen und mitdünsten. Die Zutaten pfeffern und salzen.

3.) Das Fischfilet in die Pfanne geben und für 5 Minuten mitbraten. Danach mit der Gemüsebrühe und der Kokosmilch ablöschen.

4.) Zum Schluss die geschnittenen Petersilien über die Suppe geben.

Histaminarme Suppe mit Süßkartoffeln

Zubereitungszeit: 15 Minuten

Schwierigkeitsgrad: Einfach

Zutatenliste für mehrere Portionen:

3 Süßkartoffeln. Meersalz, Pfeffer, ½ Kürbis, 1 Prise Muskatnuss, 1 Zwiebel, 1 Handvoll Petersilien, 400 ml Wasser,

Zubereitung:

1.) Die Süßkartoffeln waschen und dann schälen. Die Kartoffeln mit dem Messer fein würfeln. Kürbis schälen und entkernen. Das Fruchtfleisch in kleine Würfel schnippeln.

2.) Eine Pfanne mit Öl einreiben. Zerkleinern Sie die Zwiebeln und dünsten Sie sie dann in der Pfanne an. Die Süßkartoffeln und den Kürbis dazugeben und anschwitzen lassen. Kürbis und Kartoffeln pfeffern und salzen.

3.) Das Wasser darübergeben und für 10 Minuten weiterkochen. Die Pfanne herunternehmen und kurz abkühlen lassen.

4.) Pürieren Sie die Zutaten in einem Mixer. Zu dieser Suppe lässt sich eine Scheibe Brot auch sehr gut servieren.

Histaminarme Suppe mit Kürbis

Zubereitungszeit: 15 Minuten

Schwierigkeitsgrad: Einfach

Zutatenliste für mehrere Portionen:

Pfeffer, Meersalz, 1 Knoblauchzehe, 1 Zwiebel, 450 g Kürbis, 200 ml Wasser, 200 ml Kokosmilch,

Zubereitung:

1.) Den Kürbis schälen und den Kern entfernen. Das Fruchtfleisch vom Kürbis in kleine Würfel schneiden. Zwiebeln fein hacken. Knoblauch durch eine Knoblauchpresse geben.

2.) Einen Topf mit dem Wasser erhitzen. Die Kürbisstücke in den Topf geben. Kürbis pfeffern und salzen. Geben Sie die restlichen Zutaten in den Topf.

3.) Nehmen Sie die Suppe vom Herd und lassen Sie sie für 3 Minuten abkühlen. Die Suppe in einem Hochleistungsmixer pürieren.

Histaminarme Suppe mit Rote Beete

Zubereitungszeit: 25 Minuten

Schwierigkeitsgrad: Einfach

Zutatenliste für mehrere Portionen:

Pfeffer, Meersalz, 1 Stange Sellerie, 4 Stücke Rote Beete, 250 ml Kokosmilch, 150 ml Wasser, 1 Kartoffel, 1 Handvoll Petersilien

Zubereitung:

1.) Die rote Beete mit den Kartoffeln putzen und dann schälen. Den Strunk von der Sellerie entfernen und dann in gleich große Ringe schneiden. Die Petersilie waschen und trocken schleudern. Petersilie fein hacken und erstmal zur Seite stellen.

2.) Wasser und Milch in einem Topf aufwärmen. Die rote Beete für 5 bis 10 Minuten in dem Topf kochen. Zutaten salzen und pfeffern. Nach maximal 10 Minuten die Kartoffeln in den Topf geben und für weitere 5 bis 10 Minuten kochen.

3.) Den Topf runter nehmen und für wenige Minuten abkühlen lassen. Zutaten in einen Hochleistungsmixer geben und pürieren.

4.) Rösten Sie die Pistazien in einer Pfanne an. Die Suppe mit den Pistazien garnieren.

Kartoffelsalat

Zubereitungszeit: 10 Minuten

Schwierigkeitsgrad: Einfach

Zutatenliste für mehrere Portionen:

Pfeffer, Meersalz, 130 ml Naturjoghurt, 1 Kartoffeln, 4 mittelgroße Gurken, 150 ml Creme Fraiche, 1 Handvoll Petersilie

Zubereitung:

1.) Die Petersilie waschen und trocken schleudern. Petersilie fein hacken. Die Kartoffeln schälen und in kleine Stücke schneiden. Einen Topf mit Wasser aufheizen. Die Kartoffeln in dem Topf für 15 Minuten köcheln.

2.) Die Kartoffeln herunternehmen und mit einer Gabel zerdrücken, sodass ein Muß entsteht. Muß salzen und pfeffern.

3.) Die Gurken putzen und schälen. Schneiden Sie die Gurke in kleine Würfel. Geben Sie alle Zutaten in eine Schüssel und vermengen Sie sie gut miteinander.

Histaminarmer Fenchelsalat

Zubereitungszeit: 15 Minuten

Schwierigkeitsgrad: Einfach

Zutatenliste für mehrere Portionen:

Pfeffer, Meersalz, Öl, 40 g Pistazien, 150 g Salat, 80 Chicoree, 1 Knolle Fenchel, 3 Marillen,

Zubereitung:

1.) Zuerst den Strunk von dem Fenchel gut entfernen. Die Blätter ebenfalls ablösen. Die Blätter in Wasser ziehen lassen bis sie weich sind. Den Fenchel zu kleinen Streifen schneiden.

2.) Die Marillen halbieren und in kleine Würfel schneiden. Eine Pfanne mit Öl einreiben. Fenchel von beiden Seiten kurz anbraten. Fenchel pfeffern und salzen. Die Marillen dazugeben und für 10 Minuten köcheln lassen.

3.) Den Salat in einer Schüssel anrichten. Pistazien in einer Pfanne anbraten. Die Marillen und den Fenchel mit den restlichen Zutaten in eine Schüssel geben. Am Ende mit den Pistazien garnieren.

Möhrensuppe mit Kartoffeln

Zubereitungszeit: 15 Minuten

Schwierigkeitsgrad: Einfach

Zutatenliste für mehrere Portionen:

Meersalz, Pfeffer, Paprikapulver, 1 Prise Muskat, 400 ml Wasser, 6 große Kartoffeln, 8 Möhren, 80 ml Creme Fraiche

Zubereitung:

1.) Die Möhren und die Kartoffeln putzen und schälen. Die beiden Zutaten in kleine Würfel schneiden. Zerschnippeln Sie die Zwiebeln. Eine Pfanne mit Öl heizen und die Zwiebeln darin andünsten.

2.) Geben Sie das Gemüse in die Pfanne und dünsten Sie es mit. Die Zutaten pfeffern und salzen. Nach 5 Minuten mit dem Wasser ablöschen. Die Creme Fraiche unterrühren. 5 Minuten dünsten lassen und dann vom Herd nehmen.

3.) Suppe in einem tiefen Teller anrichten und mit etwas Muskat und Paprikapulver abschmecken.

Würziger Quinoa mit Garnelen

Zubereitungszeit: 30 Minuten

Schwierigkeitsgrad: Einfach

Zutatenliste für mehrere Portionen:

1 Chilischote, Meersalz, Pfeffer, Paprikapulver, 250 ml Kokosmilch, 80 g Quinoa, 180 g Garnelen, 1 große Mango, ½ Stange Sellerie, 2 Zwiebeln

Zubereitung:

1.) Die beiden Zwiebeln fein hacken. Einen Topf mit Kokosmilch befüllen und aufheizen. Den Quinoa in dem Topf für 15 Minuten kochen. Quinoa salzen und pfeffern. Chilischote zerkleinern und nach 10 Minuten zu dem Quinoa geben. Etwas Paprikapulver darüber streuen.

2.) Die Mango schälen und entkernen. Das Fruchtfleisch der Mango in kleine Würfel schneiden. Sellerie putzen und in gleich große Ringe schneiden.

3.) Eine Pfanne mit Öl erhitzen. Zwiebeln in der Pfanne andünsten. Sellerie nach 2 Minuten in die Pfanne geben und mitdünsten. Die Zutaten pfeffern und salzen. Am Ende die Mangowürfel in die Pfanne geben.

4.) Alle Zutaten zusammenfügen. Pfeffern und salzen zum Schluss nicht vergessen.

Würziges Hähnchen mit Mais

Zubereitungszeit: 20 Minuten

Schwierigkeitsgrad: Einfach

Zutatenliste für mehrere Portionen:

Paprikapulver, Pfeffer, Meersalz, 150 g Mais, 200 g Hähnchenfilet, 2 Zwiebeln, 1 Knoblauchzehe, 3 El Öl, 1 Handvoll Petersilie

Zubereitung:

1.) Die Zwiebeln fein hacken. Den Knoblauch durch eine Knoblauchpresse geben. Eine Pfanne mit Öl beträumpfeln und erhitzen. Schwitzen Sie die Zwiebeln in der Pfanne an. Gewürze in die Pfanne geben und anschwitzen lassen. Das Hähnchen putzen und in Streifen schneiden. Die Hähnchenstreifen in der Pfanne anbraten und wenden.

2.) Hähnchen pfeffern und salzen. Nach 10 Minuten den Mais in die Pfanne geben und für 5 Minuten garen lassen. Zerschnippeln Sie die Petersilien. Petersilie über das Hähnchenfilet streuen.

3.) Richten Sie das Gericht in einer großen Schüssel an.

Gebratenes Hähnchen mit Fenchel

Zubereitungszeit: 20 Minuten

Schwierigkeitsgrad: Einfach

Zutatenliste für mehrere Portionen:

Pfeffer, Meersalz, Paprikapulver, 80 ml Joghurt, 300 g Hähnchenfilet, 1 Knolle Fenchel, ½ Birne

Zubereitung:

1.) Das Hähnchenfilet putzen. Schneiden Sie das Fleisch in gleich große Streifen. Den Strunk von dem Fenchel abschneiden und den Fenchel in 2 cm dicke Ringe schneiden. Die Birne waschen und entkernen. Würfeln Sie die Birne in kleine Stücke. Eine Pfanne mit Öl beträufeln. Braten Sie das Fleisch in der Pfanne. Gewürze über das Hähnchen streuen. Hähnchen für 5 Minuten von beiden Seiten anbraten. Fenchel in die Pfanne geben und für 10 Minuten weiterbraten lassen. Mit Paprikapulver würzen.

2.) Die Birnenstücke nach 10 Minuten in die Pfanne geben und andünsten. Joghurt untermengen. Lassen Sie es für 5 Minuten dünsten und geben Sie es dann in die Schüssel.

Rindfleisch mit Gemüse

Zubereitungszeit: 25 Minuten

Schwierigkeitsgrad: Einfach

Zutatenliste für mehrere Portionen:

Pfeffer, Meersalz, 250 g Rindfleisch, 1 kleiner Kürbis, 1 Möhre, 1 Prise Muskat, 1 Stange Sellerie, 1 Handvoll Petersilie, 3 El Öl

Zubereitung:

1.) Den Kürbis putzen und schälen. Das Fruchtfleisch vom Kürbis klein würfeln. Rindfleisch putzen und in kleine Streifen schneiden. Fleisch salzen und pfeffern. Die Möhre putzen und fein raspeln.

2.) Den Strunk von der Sellerie entfernen und den Sellerie in gleich große Stücke schneiden.

3.) Eine Pfanne mit Öl heizen. Sellerie in die Pfanne geben und braten. Sellerie pfeffern und salzen. Das Fleisch mit den restlichen Zutaten in die Pfanne geben und für 15 Minuten braten. Petersilie waschen und fein hacken. Petersilie zum Schluss über das Gericht streuen.

Couscous mit Hähnchen

Zubereitungszeit: 15 Minuten

Schwierigkeitsgrad: Besonders einfach

Zutatenliste für mehrere Portionen:

Paprikapulver, Meersalz, Pfeffer, 350 ml Wasser, 200 g Hähnchenfilet, 200 g Couscous, 6 Möhren

Zubereitung:

1.) Das Hähnchenfilet putzen und in kleine Streifen schneiden. Möhren putzen. Schälen Sie die Möhren gründlich. Schnippeln Sie die Möhre in kleine Stücke . Die Pfanne mit Öl erhitzen und Möhren und Hähnchen anschwitzen. Zutaten würzen.

2.) Couscous mit Wasser zubereiten. Alle Zutaten zusammenbringen.

Histaminarme Pasta

Zubereitungszeit: 15 Minuten

Schwierigkeitsgrad: Einfach

Zutatenliste für mehrere Portionen:

Knoblauchpulver, Meersalz, Pfeffer, 200 g Rinderhackfleisch, 150 g Vollkornpasta, 2 Paprikaschoten, 2 Stange Lauch, 1 Zwiebel, 150 ml Creme Fraiche, ½ Handvoll Basilikum, 3 El Öl

Zubereitung:

1.) Schneiden Sie die Zwiebel. Den Strunk von dem Lauch befreien. Lauch in kleine und gleichgroße Stücke schneiden. Den Kern von den beiden Paprikaschoten entfernen und in kleine Streifen schneiden.

2.) Pfanne auf dem Herd erhitzen. Öl in der Pfanne beträufeln. Die Zwiebeln in der Pfanne andünsten. Die Lauchstücke nach 2 Minuten in die Pfanne geben. Mit Knoblauchpulver würzen. Paprikastücke hinzufügen und salzen und pfeffern. Für 5 Minuten dünsten lassen.

3.) Als Nächstes das Fleisch in die Pfanne geben und für 15 Minuten dünsten. Fleisch pfeffer und salzen. Die Creme Fraiche unterrühren. Die Nudeln in Salzwasser zubereiten.

4.) Die fertigen Nudeln in einem Sieb abtropfen lassen und zu der Pasta in die Pfanne gebe. Basilikum putzen und fein hacken. Zutaten miteinander vermengen und den Basilikum am Ende über die Pasta streuen.

Histaminarme Ente

Zubereitungszeit: 50 Minuten

Schwierigkeitsgrad: Mittel

Zutatenliste für mehrere Portionen:

Meersalz, weißer Pfeffer, 1 Zweig Thymian, 200 g Entenbrust, 8 Äpfel

Zubereitung:

1.) Den Backofen auf 160 Grad vorheizen. Die Äpfel putzen und in kleinere Stücke verarbeiten. Die Entenbrust auf einer Arbeitsfläche ablegen und dann in feine Stücke schneiden.

2.) Die Ente nach Belieben pfeffern und salzen. Eine Schicht von den Äpfeln auf dem Backpapier auslegen und gut verteilen. Nun die Entenbruststreifen darauf geben und verteilen.

3.) Die Zutaten mit Thymian bestreuen. In den Backofen für 50 Minuten geben und am Ende nochmal pfeffern und salzen.

Histaminarme Pute

Zubereitungszeit: 20 Minuten

Schwierigkeitsgrad: Einfach

Zutatenliste für mehrere Portionen:

Paprikapulver, Meersalz, Pfeffer, 1 Zucchini, 5 Karotten, 200 g Putenbrustfilet, 2 Paprikaschoten, ½ Handvoll Schnittlauch, 1 Stück Gemüsefond, 350 ml Wasser

Zubereitung:

1.) Das Putenbrustfilet auf eine Arbeitsfläche auslegen und in kleine Streifen schneiden. Putenbrustfilet pfeffern und salzen. Eine Pfanne mit Öl bestreichen und erhitzen. Die Putenbruststreifen in die Pfanne geben und von beiden Seiten anbraten. Putenbrust pfeffern und salzen.

2.) Das Gemüse putzen und zerschnippeln. Gemüse in die Pfanne geben und ausbreiten. Gemüsefond aufgießen. Zutaten für 5 bis maximal 10 Minuten dünsten lassen.

3.) Am Ende noch Gewürze nach Wahl hinzugeben.

Süßkartoffeln Gratin

Zubereitungszeit: 35 Minuten

Schwierigkeitsgrad: Einfach

Zutatenliste für mehrere Portionen:

Paprikapulver, Knoblauchpulver, Meersalz, Pfeffer, 3 große Süßkartoffeln, 150 g Kochschinken, 150 ml Creme Fraiche, 2 Eier, 1 Handvoll Dill, 100 g Mozzarella

Zubereitung:

1.) Den Backofen auf 150 Grad aufheizen. Die Süßkartoffeln putzen und schälen. Die Süßkartoffeln in kleine Stücke schneiden. Kochschinken fein würfeln. Den Käse in kleine und gleich große Stück unterteilen oder zerbröseln.

2.) Die Eier aufschlagen und mit der Creme Fraiche verrühren. Die Zutaten pfeffern und salzen. Ein Backblech mit Backpapier auslegen.

3.) Die Süßkartoffeln auf dem Backpapier auslegen und mit Paprikapulver und Knoblauchpulver würzen. Den Kochschinken und den Käse darüber verteilen.

4.) Zum Schluss noch die Creme Fraiche Mischung darüber verteilen. Das Gratin für 30 Minuten im Backofen backen.

Kohlrouladen mit leckerer Füllung

Zubereitungszeit: 50 Minuten

Schwierigkeitsgrad: Einfach

Zutatenliste für mehrere Portionen:

Knoblauchpulver, Meersalz, Pfeffer, 12 Grünkohlblätter, 180 g Rinderhack, ½ Zucchini, 2 Zwiebeln, 40 g Frischkäse, 10 Zahnstocher, 2 El Öl

Zubereitung:

1.) Die Zucchini putzen und schälen. Die Zucchini fein raspeln. Die Zwiebeln schälen und fein hacken. Zutaten mit Pfeffer und Salz bestreuen. Die Kohlblätter in Salzwasser für ca. 1 Minuten blanchieren. Die Kohlblätter im Anschluss mit kaltem Wasser abschrecken.

2.) Eine Pfanne mit Öl bestreichen. Die Zwiebeln in der Pfanne andünsten. Das Rindfleisch in die Pfanne geben und für 5 Minuten dünsten. Fleisch mit Pfeffer und Salz würzen. Zucchinirapseln in die Pfanne geben. Zerbröselten Käse darüber streuen. Für 10 Minuten weiter kochen lassen.

3.) Mindestens zwei Kohlblätter aufeinander auf einer geeignetn Arbeitfläche darauf legen. Die Füllung aus der Pfanne nun in der Mitte dieser Kohlblätter verteilen. Dann die beiden Enden zusammenrollen und mit einem Zahnstocher befestigen.

4.) Den Vorgang solange wiederholen bis die Füllung in der Pfanne verbraucht ist. Nun eine Pfanne mit etwas Öl erhitzen. DIe Kohlrouladen in der Pfanne von beiden Seiten anbraten. Zum Schluss noch mal pfeffer und salzen.

Histaminarmer Fisch

Zubereitungszeit: 30 Minuten

Schwierigkeitsgrad: Einfach

Zutatenliste für mehrere Portionen:

Weißer Pfeffer, Meersalz, 2 El Öl, 150 g Kabeljaufilet, 3 kleine Paprikaschoten, 40 g Frischkäse

Zubereitung:

1.) Für dieses Rezept ist es wichtig, dass Sie nicht einfach irgendeinen Fisch verwenden, sondern ein Kabeljaufilet. Viele Fischsorten enthalten nämlich Histamin. Bei dem Kabeljaufilet ist das nicht der Fall. Zu Beginn wird der Backofen auf 160 Grad aufgeheizt.

2.) Die Kerne von allen drei Paprikaschoten entfernen und dann in kleine Stücke unterteilen. Eine Auflaufform mit Backpapier auslegen und das Filet dort platzieren. Das Kabeljaufilet pfeffern und salzen. Den Käse zerbröseln und über den Fisch verteilen.

3.) Die Paprikaschoten in der Auflaufform platzieren. Den Fisch für 25 Minuten im Ofen garen. Zum Schluss noch mit weißem Pfeffer und Meersalz bestreuen.

Leckeres Lammfleisch

Zubereitungszeit: 25 Minuten

Schwierigkeitsgrad: Einfach

Zutatenliste für mehrere Portionen:

Meersalz, Pfeffer, 2 El Honig, 1 El Butter, 200 g Lammfleisch, 250 g Preiselbeeren

Zubereitung:

1.) Das Lammfleisch auf einer Arbeitsfläche auslegen und dann in feine Streifen schneiden. Lammfleisch pfeffern und salzen. In einer heißen Pfanne Butter zergehen lassen.

2.) Das Fleisch in der Pfanne von beiden Seiten gut andünsten. Die Preiselbeeren dazugeben und für weitere 15 Minuten dünsten. Dann herunter nehmen und etwas Honig unterrühren.

3.) Falls noch Bedarf besteht mit etwas Pfeffer und Salz abschmecken.

Zander mit schmackhafter Soße

Zubereitungszeit: 20 Minuten

Schwierigkeitsgrad: Einfach

Zutatenliste für mehrere Portionen:

Weißer Pfeffer, Meersalz, 1 Zwiebel, 1 Kürbis, 200 g Zanderfilet, 1 Handvoll Dill, 40 g Mozzarella, 3 El Öl

Zubereitung:

1.) Die Zwiebel schälen und fein hacken. Das Filet auf einer Arbeitsfläche auslegen und dann in feine Streifen schneiden. Zanderfilet mit Pfeffer und Salz abschmecken. Den Kürbis schälen und den Kern entfernen. Das Fruchtfleisch vom Kürbis in kleine Würfel schneiden.

2.) Die Kürbiswürfel für 5 Minuten im Wasser weich kochen. Kürbis in eine Schüssel geben. Mozzarella zerbröseln und in der Schüssel verteilen.

3.) Dill fein hacken und über die Zutaten in der Schüssel verteilen. Zutaten pfeffern und salzen.

4.) Eine Pfanne mit Öl erhitzen und das Zanderfilet für 8 Minuten von beiden Seiten anbraten. Zanderfilet pfeffern und salzen. Dann herunternehmen und für wenige Minuten abkühlen lassen.

5.) Das Filet optional noch mit etwas Dill garnieren.

Leckere Spieße mit Rindfleisch

Zubereitungszeit: 15 Minuten

Schwierigkeitsgrad: Besonders einfach

Zutatenliste für mehrere Portionen:

Meersalz, Pfeffer, 2 El Öl, 1 Knoblauchzehe, 180 g Rindfleisch, 2 Maiskolben, 2 Zwiebeln, 5 Spieße

Zubereitung:

1.) Die Knoblauchzehe durch eine Knoblauchpresse geben. Die Zwiebel schälen und dann fein hacken. Den Maiskolben auf einer Arbeitsfläche auslegen und dann in kleine Streifen schneiden. Den Knoblauch mit dem Öl vermischen.

2.) Das Rindfleisch mit der Knoblauchmischung marinieren. Nun abschwechseld die Spieße mit dem Fleisch, Mais und Zwiebeln belegen.

3.) Die Spieße in eine Auflaufform geben und bei 180 Grad für 10 Minuten goldbraun braten. Falls noch Bedarf besteht am Ende pfeffern und salzen.

Histaminarmer Gemüsereis

Zubereitungszeit: 30 Minuten

Schwierigkeitsgrad: Einfach

Zutatenliste für mehrere Portionen:

Knoblauchpulver, Meersalz, Pfeffer, 1 Zucchini, 3 kleine Paprikaschoten, 120 g Vollkornreis, 1 Zwiebel, ½ Knoblauchzehe, 1 Stange Sellerie, 1 Handvoll Dill, 40 ml Creme Fraiche

Zubereitung:

1.) Knoblauch durch eine Knoblauchpresse geben. Die Zwiebel fein hacken. Den Reis in einem großen Topf mit Wasser für 20 Minuten kochen. Dann den Topf vom Herd runter nehmen und den Reis für wenige Minuten abkühlen lassen.

2.) Die Zucchini putzen und schälen. Die Zucchini fein raspeln. Dann die Zucchini mit etwas Pfeffer, Knoblauchpulver und Salz bestreuen. Die Kerne von den Paprikaschoten entfernen und die Paprikaschoten in feine Streifen schneiden.

3.) Eine Pfanne mit Öl erhitzen. Knoblauch und Zwiebeln in der Pfanne andünsten. Das Gemüse in die Pfanne geben und auf mittlerer Hitze für 5 Minuten köcheln lassen. Ein wenig Creme Fraiche unterrühren und die Zutaten nach Belieben würzen und pfeffern. Dill fein hacken und darüberstreuen.

4.) Nun den Reis mit dazu mischen und den Gemüsereis auf einem Teller servieren.

Hirse

Zubereitungszeit: 40 Minuten

Schwierigkeitsgrad: Einfach

Zutatenliste für mehrere Portionen:

Paprikapulver, Meersalz, Pfeffer, Knoblauchpulver, ½ Stange Sellerie, 90 g Hirse, 3 Stücke rote Beete, 1 Gurke, 3 El Öl, 1 Handvoll Dill, 80 ml Joghurt

Zubereitung:

1.) Die Hirse wie gewohnt in einem Topf mit Salzwasser für ca. 15 Minuten kochen. Nach 15 Minuten den Topf vom Herd nehmen und die Hirse gut abkühlen lassen. Die rote Beete auf einer Arbeitsfläche ausbreiten und in kleine Würfel schneiden. Rote Beete dann fein raspeln.

2.) Die Gurke putzen und in kleine Stücke schneiden. Den Strunk vom Sellerie befreien und den Sellerie in kleine Würfel verarbeiten.

3.) Etwas Öl in der Pfanne ausbreiten und erhitzen. Das Gemüse in der Pfanne andünsten. Das Gemüse pfeffern und salzen. Dill fein hacken und über die Zutaten streuen. Alle Zutaten gut miteinander vermengen.

Quinoa mit Gemüse

Zubereitungszeit: 25 Minuten

Schwierigkeitsgrad: Einfach

Zutatenliste für mehrere Portionen:

Paprikapulver, Meersalz, Pfeffer, 3 Gurke, 90 g Quinoa, 1 Paprikaschote, 5 Radieschen, 3 El Öl, 1 Handvoll Petersilien

Zubereitung:

1.) Quinoa in einem Topf mit ausreichend Wasser für ca. 20 Minuten zubereiten. Quinoa im Anschluss vom Herd nehmen und abkühlen lassen. Quinoa pfeffern und salzen.

2.) Die Kerne von den Paprikaschoten entfernen und feine Stücke schneiden. Ein bisschen Öl über die Paprikaschoten gießen. Die Radieschen in kleine Würfel schneiden.

3.) Quinoa in eine Schüssel geben und die gesamten Zutaten in der Schüssel miteinander vermischen. Falls noch Bedarf besteht am Ende etwas würzen.

Fenchelknollen

Zubereitungszeit: 25 Minuten

Schwierigkeitsgrad: Einfach

Zutatenliste für mehrere Portionen:

Paprikapulver, Meersalz, Pfeffer, 1 Prise Kümmel, 3 Fenchelknollen, 80 g Frischkäse, 1 Handvoll Dill

Zubereitung:

1.) Den eigenen Backofen auf 160 Grad aufheizen. Den Strunk von dem Fenchel befreien. Den Fenchel in Salzwasser blanchieren. Frischkäse Pfeffer und Salz vermischen. Dill fein hacken und mit dem Frischkäse vermengen. Kümmel dazugeben.

2.) Eine Auflaufform mit Backpapier auslegen. Die Fenchelknollen in die Auflaufform geben und gleichmäßig verteilen. In der Hälfte die Kräutermischung verteilen. Falls noch Bedarf besteht, die Fenchel nochmal würzen.

3.) Fencheln für 20 Minuten im Backofen backen.

Histaminarmer Käse Gratin

Zubereitungszeit: 30 Minuten

Schwierigkeitsgrad: Einfach

Zutatenliste für mehrere Portionen:

Knoblauchpulver, Pfeffer, Meersalz, 3 Zwiebeln. 4 Knoblauchzehen, 5 Maiskolben, 80 g Mozzarella, 3 El Öl

Zubereitung:

1.) Den Backofen auf 170 Grad aufheizen. Die Zwiebeln in gleich große Ringe schneiden. Die 4 Knoblauchzehen durch eine Knoblauchpresse geben.

2.) Die Maiskolben gründlich waschen und danach etwas Öl darauf verteilen. Eine Auflaufform mit Backpapier belegen. Die Maiskolben in die Form geben und verteilen.

3.) Maiskolben würzen. Mozzarella zerbröseln und über den Maiskolben verteilen. Die Zwiebelringe und den Knoblauch darüber geben. Im Backofen für 25 Minuten backen.

Quinoa-Bowl

Zubereitungszeit: 40 Minuten

Schwierigkeitsgrad: Mittel

Zutatenliste für mehrere Portionen:

Meersalz, Pfeffer, 1 Knoblauchzehe, 1 Zwiebel, 90 g Quinoa, 140 ml Joghurt, 1 Stück Brokkoli, 1 Handvoll Rosmarin, 3 El Öl

Zubereitung:

1.) Die Zwiebel fein hacken. Quinoa im Salzwasser für 20 Minuten zubereiten. Quinoa wieder vom Herd nehmen und dann abkühlen lassen. Den Strunk von dem Brokkoli befreien und den Rest vom Brokkoli in kleine Stücke schneiden.

2.) Knoblauchzehe durch eine Knoblauchpresse geben. Die Zwiebeln in einer erhitzen Pfanne anrösten. Knoblauch und Brokkoli in die Pfanne geben und mitrösten. Gemüse pfeffern und salzen.

3.) Den Brokkoli für 10 bis 15 Minuten gar kochen. Alle Zutaten in einer großen Schüssel miteinander vermengen. Falls noch Bedarf besteht, die Zutaten nachwürzen.

Würzige Quinoa Bowl

Zubereitungszeit: 40 Minuten

Schwierigkeitsgrad: Einfach

Zutatenliste für mehrere Portionen:

Meersalz, Pfeffer, 100 g Quinoa, 1 Zucchini, 80 g Halloumi-Käse, 2 Datteln, 60 g Pistazien, 1 Prise Kümmel, 1 Handvoll Petersilien

Zubereitung:

1.) Den Quinoa für 20 Minuten in Salzwasser zubereiten. Dann den Quinoa von dem Herd nehmen und etwas abkühlen lassen. Quinoa pfeffern und salzen. Zucchini putzen und schälen. Zucchini in kleine Streifen schneiden.

2.) Den Käse mit einer Gabel zerdrücken. Die Datteln entsteinen und dann in kleine Stücke würfeln. Die Pistazien fein hacken und dann in einer Pfanne ohne Öl anrösten.

3.) Eine andere Pfanne mit Öl erhitzen. Zucchini, Kümmel und Datteln in die Pfanne geben und anbraten. Zutaten nach Belieben würzen. Den Quinoa in die Pfanne geben und durchmischen. Für 10 Minuten garen.

4.) Zum Schluss noch den Käse darüber geben und etwas schmelzen lassen. Petersilie fein hacken und über das Gericht verteilen.

Histaminarmes Abendessen

Vegetarische Pasta

Zubereitungszeit: 20 Minuten

Schwierigkeitsgrad: Einfach

Zutatenliste für mehrere Portionen:

Paprikapulver, Meersalz, Pfeffer, 1 Zwiebel, 80 g Frischkäse, 180 g Vollkornpasta, 5 große Paprikaschoten, 180 ml Creme Fraiche, 1 Zweig Basilikum, 3 El Öl

Zubereitung:

1.) Die Zwiebeln schälen und fein hacken. Die Kerne von den Paprikaschoten entfernen und dann in gleich große Scheiben schneiden. Den Frischkäse zerbröseln und erstmal bei Seite stellen. Eine Pfanne erhitzen und Öl hinzugeben. Zwiebeln in der Pfanne andünsten. Nach 2 Minuten die Paprikastreifen in die Pfanne geben und nach Belieben mitdünsten. Falls Bedarf besteht, die Zutaten nach Lust und Laune würzen.

2.) Die Vollkornpasta wie gewohnt in Salzwasser zubereiten. Die Creme Fraiche in die Pfanne zu den Paprikastreifen geben und für 10 Minuten köcheln lassen.

3.) Die fertigen Nudeln am Ende mit der Paprikasoße vermengen. Den Zweig Basilikum fein hacken und zum Schluss über die fertigen Nudeln geben.

Histaminarme Lasagne

Zubereitungszeit: 45 Minuten

Schwierigkeitsgrad: Einfach

Zutatenliste für mehrere Portionen:

Knoblauchpulver, Paprikapulver, Meersalz, Pfeffer, 9 Lasagneblätter, ½ Kopf Wirsing, 80 g Ziegenkäse, 300 ml Buttermilch, 20 g Butter, 15 g Dinkelmehl, 2 El Öl

Zubereitung:

1.) Den Backofen auf 170 Grad aufheizen. Den Strunk von dem Wirsing befreien und das Gemüse dann in kleine Stücke unterteilen. Eine Pfanne mit Öl erhitzen. Den Wirsing in die Pfanne geben und für ca. 5 Minuten von allen Seiten nach Belieben braten. Den Wirsing pfeffern und salzen.

2.) Butter in einer Pfanne schmelzen lassen. Ein bisschen Dinkelmehl dazugeben und die Zutaten miteinander vermengen. Den Ziegenkäse zerbröseln und zu den Zutaten in der Pfanne unterrühren. Käse ebenfalls schmelzen lassen. So entsteht dann die Soße für die Lasagne.

3.) Eine Auflaufform mit den Lasagneblättern belegen. Dann die Soße darüber gießen und gleichmäßig verteilen. Dann die Wirsing-Mischung zu den Blättern geben und mit den restlichen Zutaten austauschen.

4.) Lasagne für mindestens 30 Minuten im Backofen backen.

Vegetarische Quiche

Zubereitungszeit: 50 Minuten

Schwierigkeitsgrad: Mittel

Zutatenliste für mehrere Portionen:

Weißer Pfeffer, Meersalz, 2 kleine Kürbisse, 80 g Dinkelmehl, 100 g Vollkorndinkelmehl, 80 g Butter, 1 El Wasser, 1 Ei, 180 ml Creme Fraiche, 2 Eier, 1 Handvoll Dill

Zubereitung:

1.) Den Backofen auf 170 Grad aufheizen. Den Kürbis schälen und entkernen. Beide Kürbisse fein raspeln. Mehl in eine Schüssel geben, um in nächsten Schritt den Teig zuzubereiten. Dann die Eier hinzufügen. Butter, Mineralwasser und Salz untermischen. Dann zu einer festen Masse zerkneten.

2.) Die Masse auf einer Arbeitsfläche ausrollen. Den Teig mit einem Nudelholz ausrollen. Eine Backform einfetten oder mit Backpapier belegen.

3.) Den Teig in die Backform geben und für 45 Minuten im Backofen backen.

Würzige Hähnchenpfanne

Zubereitungszeit: 35 Minuten

Schwierigkeitsgrad: Einfach

Zutatenliste für mehrere Portionen:

Weißer Pfeffer, Meersalz, 200 g Hähnchen, 150 g Brokkoli, 2 kleine Paprikaschoten, 10 g Rosmarin, 2 El Paprikapulver, 2 El Öl, 3 Knoblauchzehen

Zubereitung:

1.) Die Knoblauchzehen durch eine Knoblauchpresse drücken. Rosmarin waschen und die Zweige davon entfernen. Die Kerne von den Paprikaschoten entfernen und die Schoten dann in feine Streifen schneiden. Brokkoli waschen und in kleine und gleich große Röschen schneiden.

2.) Das Hähnchenbrustfilet auf einer Arbeitsfläche ausbreiten und in feine Streifen schneiden. Eine Pfanne mit Öl heizen. Das Hähnchenbrustfilet in der Pfanne von beiden Seiten anbraten. Hähnchen pfeffern und salzen. Rosmarin und Knoblauch in die Pfanne geben. Nach 2 Minuten die Zwiebeln ebenfalls in die Pfanne geben.

3.) Nach 5 Minuten die Zutaten wieder aus der Pfanne nehmen und die Paprikaschoten in der Pfanne anbraten. Den Brokkoli hinzufügen und dünsten.

4.) Am Ende alle Zutaten in der Pfanne zusammenbringen und falls noch Bedarf besteht, würzen.

Histaminarme Fritatta

Zubereitungszeit: 15 Minuten

Schwierigkeitsgrad: Besonders einfach

Zutatenliste für mehrere Portionen:

Paprikapulver, Meersalz, Pfeffer, 2 Eier, 40 ml Milch, 80 g Hüttenkäse, 2 El Olivenöl, 10 g Basilikum, 50 g Schinken, 1 Paprikaschote, 2 Zwiebeln, 200 g Brokkoli

Zubereitung:

1.) Den Strunk von der Brokkoli befreien. Den Rest von der Brokkoli in kleine Stücke schneiden. Die Kerne von den Paprikaschoten herausschneiden und die Paprikaschoten in feine Streifen schneiden. Zwiebeln schälen und dann fein hacken. Olivenöl in der Pfanne erhitzen und die Zwiebeln in der Pfanne andünsten. Nach 4 Minuten Brokkoli und Paprika in die Pfanne geben und mitdünsten. Falls Bedarf besteht, die Zutaten würzen.

2.) Schinken in feine Streifen schneiden. Basilikum waschen und fein hacken. Die Eier in einer Schüssel aufschlagen. Milch in die Schüssel geben und mit den Eiern verquirlen. Basilikum, Hüttenkäse und Schinken dazugeben und miteinander vermischen. Die Eiermischung nun in die Pfanne gießen. Zutaten pfeffern und salzen.

3.) Die Zutaten für 10 Minuten stocken lassen. Wer will kann die Fritatta auch kalt servieren. In diesem Fall würde ein sich ein Beilagensalat sehr gut anbieten.

Fenchelsuppe

Zubereitungszeit: 35 Minuten

Schwierigkeitsgrad: Einfach

Zutatenliste für mehrere Portionen:

Meersalz, weißer Pfeffer, 2 Fenchelknollen, 300 g Zucchinis, 10 g Butter, 60 g Zwiebeln, 400 ml Gemüsebrühe

Zubereitung:

1.) Den Strunk von der Fenchel befreien und den Rest gründlich waschen. Fenchel in kleine Würfel unterteilen. Zucchini putzen und schälen. Zucchini in kleine Stücke würfeln. Zwiebeln schälen und fein hacken.

2.) Butter in einem Topf zergehen lassen. Die Zwiebeln in dem Topf andünsten. Zucchini und Fenchel in den Topf geben und mitdünsten. Für maximal 3 Minuten dünsten. Mit der Gemüsebrühe ablöschen. Für 15 Minuten weiter garen lassen.

3.) Suppe mit einem Pürierstab verfeinern. Etwas Salz und Pfeffer darüber streuen.

Chili con Carne

Zubereitungszeit: 50 Minuten

Schwierigkeitsgrad: Mittel

Zutatenliste für mehrere Portionen:

Paprikapulver, Chilipulver, Meersalz, Pfeffer, 100 g gemischtes Hack, 3 El Öl, 80 g Paprika, 12 g Paprikapaste, 40 g Gemüsemais, 80 g Karotten, 50 g Zwiebeln, ½ Knoblauchzehe, ½ Lorbeerblatt, 60 g Reis, 20 g saure Sahne, 1 Prise Zucker , 20 g Gouda

Zubereitung:

1.) Die Zwiebeln schälen und fein hacken. Die halbe Knoblauchzehe durch eine Knoblauchpresse geben. Den Reis in leicht gesalzenem Wasser zubereiten.

2.) Paprika von den Kernen entfernen und in kleine Stücke würfeln. Die Karotten putzen und schälen. Karotten in kleine Stücke schneiden.

3.) Eine Pfanne mit Olivenöl erhitzen. Knoblauch und Zwiebeln in dieser Pfanne andünsten. Die Karotten dazugeben und nach Belieben würzen. Das Fleisch in die Pfanne geben und zum Kochen bringen.

4.) Die Paprikapaste mit den Paprikas, Gewürzen, Lorbeerblatt, Pfeffer und Salz in eine Pfanne geben und zum Kochen bringen. Mais dazugeben und für 10 Minuten weitergaren.

5.) Den Käse fein raspeln. Den fertigen Reis mit den restlichen Zutaten vermengen. Etwas Creme Fraiche untermischen.

Histaminarme Spätzel

Zubereitungszeit: 50 Minuten

Schwierigkeitsgrad: Mittel

Zutatenliste für mehrere Portionen:

150 g Dinkelmehl, Pfeffer, Salz, 1 Ei, 80 ml Wasser, Öl, 100 g Mangold, 60 ml Kokosmilch, 100 g Zwiebeln, 20 g Sonnenblumenkerne, 100 g Champignons, Paprikapulver

Zubereitung:

1.) Die Zwiebeln schälen und fein hacken. Das Wasser mit den Eier und dem Salz in eine Schüssel geben. Die Zutaten mit einem Schneebesen verquirlen. Schrittweise das Mehl in die Schüssel geben und mit den restlichen Zutaten vermengen.

2.) Die Sonnenblumenkerne in einer Pfanne ohne Öl anrösten. Danach in eine kleine Schüssel füllen und abkühlen lassen. Eine Pfanne mit Öl erhitzen. Die Zwiebeln in dieser Pfanne anschwitzen.

3.) Mangold zerkleinern und in die Pfanne geben. Kokosmilch und Champignons in die Pfanne geben und mitrösten. Zutaten pfeffern und salzen. Die fertigen Spätzle aus dem Wasser in ein Sieb geben.

4.) Zum Schluss alle Zutaten miteinander vermengen. Falls noch Bedarf besteht, die Zutaten nachwürzen.

Histaminarmer Rotkohl

Zubereitungszeit: 70 Minuten

Schwierigkeitsgrad: Mittel

Zutatenliste für mehrere Portionen:

Weißer Pfeffer, Meersalz, 300 g Rotkohl, 40 g Zwiebeln, 20 g Butterschmalz, 80 g Äpfel, 5 g Essig, 40 ml Apfelsaft, 30 ml Wasser, 1 Prise Zucker, 1 kleine Zimtstange, 10 g Johannisbeergelee, 1 g Nelken, 1 Lorbeerblatt

Zubereitung:

1.) Die äußeren Blätter vom Rotkohl entfernen. Den Strunk ebenfalls entfernen. Den Kohl dann in kleine Stücke schneiden. Zwiebeln schälen und fein würfeln. Den Apfel entkernen und in kleine Würfel unterteilen.

2.) Den Butterschmalz in einem Topf auflösen. Den Apfel mit den Zwiebeln in den Topf geben und andünsten lassen. Dann die Prise Zucker darüber streuen und den Rotkohl im Topf verteilen. Für ca. 5 Minuten dünsten.

3.) Wasser und Apfelsaft in den Topf gießen. Zutaten pfeffern und salzen. Den Topf zudecken und den Rotkohl für 1 Stunde gut schmoren lassen. Danach das Preiselbeergelee und die restlichen Zutaten untermischen.

4.) Die Zutaten auf einem Teller servieren.

Milchreis

Zubereitungszeit: 50 Minuten

Schwierigkeitsgrad: Einfach

Zutatenliste für mehrere Portionen:

Zimt, 500 ml Mandelmilch, 120 g Milchreis, 1 Prise Salz, 20 g Zucker

Zubereitung:

1.) Die Mandelmilch mit dem Salz und dem Zucker in den Topf geben und kurz aufkochen.

2.) Nun den Milchreis in den Topf geben. Bei niedriger Hitze den Milchreis für 35 Minuten köcheln lassen.

3.) Am Ende mit Zimt und Zucker bestreuen.

Kartoffeln aus dem Ofen

Zubereitungszeit: 20 Minuten

Schwierigkeitsgrad: Besonders einfach

Zutatenliste für mehrere Portionen:

Knoblauchpulver, Meersalz, Pfeffer, 300 g Kartoffeln, 20 g Rapsöl, 1 Tl Kräuter, Paprikapulver

Zubereitung:

1.) Die Kartoffeln gut waschen. Ob Sie die Schale mit behalten wollen oder nicht ist Ihre Entscheidung.

2.) Die Kräuter und das Öl in die eine Schüssel geben. Ein Backblech mit Backpapier auslegen. Die Kartoffeln auf dem Backblech verteilen. Die Soße über den Kartoffeln verteilen.

3.) Die Kartoffeln für 30 Minuten im Backofen backen.

Nudelpfanne mit Gemüse

Zubereitungszeit: 25 Minuten

Schwierigkeitsgrad: Besonders einfach

Zutatenliste für mehrere Portionen:

Pfeffer, Salz, Vollkorn Spirelli, 100 g Zucchinis, 1 Zwiebel, 80 g Paprika, 2 Stück Champignons, 30 g Wasser, 2 g Rosmarin, 60 g Feta, 10 g Frischkäse, 3 El Öl, Weitere Gewürze

Zubereitung:

1.) Die Zwiebel schälen und fein hacken. Die Dinkelnudeln im Wasser zubereiten. Orientieren Sie sich hierzu am besten an der Packungsanleitung. Zucchini putzen und schälen. Zucchini fein hacken. Das restliche Gemüse putzen und in kleine Würfel schneiden. Die Champignons in kleine Stücke schneiden.

2.) Eine Pfanne mit Rapsöl erhitzen. Die Zwiebeln in dieser Pfanne anrösten. Das Gemüse in die Pfanne geben. Gemüse nach Belieben würzen. Nach 8 Minuten die Champignons in die Pfanne geben.

3.) Frischkäse und Fetakäse in der Pfanne schmelzen lassen und etwas Wasser untermischen. Kräuter darüber streuen.

4.) Am Ende die Vollkornnudeln mit der Pasta vermischen.

Gefüllte Paprika

Zubereitungszeit: 1 Stunde

Schwierigkeitsgrad: Einfach

Zutatenliste für mehrere Portionen:

Chilipulver, Meersalz, Pfeffer , 70 g Quinoa, 150 g Paprika, 120 ml Gemüsebrühe, 40 ml Gemüsebrühe, 40 g Zwiebeln, 1 Zweig Koriander, 20 g Butter,

Zubereitung:

1.) Die Zwiebeln schälen und fein hacken. Quinoa abspülen und dann in Wasser für 15 Minuten zubereiten. Den Kern von den Paprikaschoten entfernen und die Paprikaschoten in feine Streifen schneiden. Koriander waschen und fein hacken.

2.) Eine Auflaufform mit Öl bestreichen oder alternativ Backpapier verwenden. Den fertigen Quinoa vom Herd nehmen und für wenige Minute abkühlen lassen. Den Backofen auf 200 Grad Umluft vorheizen.

3.) Koriander und die restlichen Zutaten bis auf die Paprika miteinander vermischen. Die Paprika öffnen und langsam mit der Quinoamischung vermengen. Die Gemüsebrühe auf den Boden der Auflaufform geben und die gefüllte Paprika hineinstellen.

4.) Die gefüllte Paprika für 25 Minuten im Backofen backen.

Histaminarme Pizza

Zubereitungszeit: 60 Minuten

Schwierigkeitsgrad: Mittel

Zutatenliste für mehrere Portionen:

Pfeffer, Meersalz, 100 Dinkelvollkornmehl, 100 g Dinkelmehl, Chilipulver, 100 ml Wasser, Olivenöl, 70 g Ajvar, 1 g Oregano, 80 g Gouda, 10 g Basilikum, 80 g Champignons, 60 g Zwiebeln

Zubereitung:

1.) Die Zwiebeln schälen und fein hacken. Die beiden Mehlsorten miteinander vermengen. Salz, Olivenöl und Wasser mit mischen. Mit einem Mixer diese Zutaten gut miteinander verkneten. Etwas Mehl auf eine Arbeitsfläche streuen und den Teig darauf ausrollen.

2.) Ajvar mit Olivenöl, Pfeffer und Salz anrühren. Oregano untermischen. Zucchini putzen und fein hacken. Die Champignons in gleich große Stücke schneiden. Den Gouda fein raspeln.

3.) Nun die Pizza mit der Ajvarpaste bestreichen. Die restlichen Zutaten bis auf den Käse auf der Pizza verteilen. Am Ende mit dem Gouda bestreuen. DIe Pizza nun für 30 Minuten im Backofen bei 200 Grad backen.

Kartoffelpuffer mit Gemüse

Zubereitungszeit: 40 Minuten

Schwierigkeitsgrad: Einfach

Zutatenliste für mehrere Portionen:

Meersalz, Pfeffer, 100 g Zwiebeln, 100 g Kartoffeln, 150 g Zucchinis, 3 El Öl, 120 g griechischer Joghurt, 100 g Ei, 40 g Hirsemehl, 250 g Kartoffeln

Zubereitung:

1.) Die Zwiebeln schälen und fein hacken. Das Gemüse putzen und schälen. Das Gemüse fein reiben. Gemüse in eine Schüssel geben. Die Eier aufschlagen und mit den Zutaten vermischen. Die Zutaten pfeffer und salzen. Das Mehl unterheben. Wenn die Masse nach dem Verkneten noch zu nass sein sollte, können Sie noch etwas Mehl unterheben.

2.) Öl in eine beschichtete Pfanne geben und erhitzen. Den Teig zu Kartoffelpuffern formen. Die Puffer in der Pfanne braten. Falls noch Bedarf besteht, die Puffer anbraten.

3.) Die histaminfreien Kartoffelpuffer mit den griechischen Joghurt servieren.

Quiche mit Paprika

Zubereitungszeit: 70 Minuten

Schwierigkeitsgrad: Mittel

Zutatenliste für mehrere Portionen:

Meersalz, Pfeffer, Paprikapulver, 100 g Butter, 180 g Dinkelmehl, 3 El Wasser, 2 Eier, 4 Zweige Thymian, 300 g Feta, 1 Prise Muskatnuss, 2 große Stücke Paprika

Zubereitung:

1.) Das Mehl in eine Schüssel geben. Die Butter untermengen. Wasser und Salz hinzufügen. Die Zutaten solange verkneten bis der Teig geschmeidig ist. Den Teig zu einer Kugel formen und dann flach drücken.

2.) Eine Arbeitsfläche mit Mehl bestreuen und den Teig mit einem Nudelholz ausrollen. Die Paprika putzen und die Kerne innen entfernen. Die Paprika in kleine und gleich große Streifen schneiden. Thymian waschen und fein hacken. Quark und Eier in einen Mixer geben zu einer geschmeidigen Mischung verarbeiten. Die Zutaten mit Muskat, Pfeffer und Salz abschmecken.

3.) Thymian und die Paprikastücke unterrühren und mit den restlichen Zutaten vermengen. Den Teig mit dieser Füllung bestreichen. Ein Backblech mit Backpapier auslegen. Die Quiche darauf platzieren.

4.) Die Quiche nun im Backofen für 1 Stunde bei 180 Grad backen.

Histaminarmer Salat mit Karotten

Zubereitungszeit: 10 Minuten

Schwierigkeitsgrad: Besonders einfach

Zutatenliste für mehrere Portionen:

Meersalz, Pfeffer, 250 g Karotten, 200 g Gurken, 3 El Sesam, Olivenöl, 2 El Apfelsaft, 7 Blätter Zitronenmelisse, 1 Prise Kümmel, 2 El Hanföl

Zubereitung:

1.) Die Karotten putzen und schälen. Dann die Karotten fein raspeln. Die Zitronenmelisse putzen und fein hacken. Das Dressing mit dem Hanföl, Olivenöl, Kümmel, Pfeffer und Salz zubereiten. Ein paar Sesamkörner zu dem Dressing geben.

2.) Die Gurke putzen und in kleine Würfel schneiden. Mit den Karotten und der Melisse in eine Schüssel geben und miteinander vermischen.

3.) Am Ende noch das Dressing über den Salat verteilen.

Histaminarmes Rühreirezept

Zubereitungszeit: 15 Minuten

Schwierigkeitsgrad: Besonders einfach

Zutatenliste für mehrere Portionen:

Pfeffer, Meersalz, 200 g Eier, 180 g Kartoffeln, 30 g Sesam, 100 g Feta

Zubereitung:

1.) Die Kartoffeln putzen und schälen. Die Kartoffeln in kleine Stücke schneiden. Dann die Kartoffeln im Salzwasser oder Dampfgarer zubereiten. Feta in einer Schüssel zerbröseln. Pfeffer und Salz darüber streuen.

2.) Die Eier und Sesam dazu geben. Dann die gekochten Kartoffeln untermengen. Eine beschichtete Pfanne mit Öl erhitzen.

3.) Die Masse in die Pfanne geben und für 5 Minuten braten. Zum Schluss nochmal pfeffern und salzen.

Würzige Möhren. Frikadellen

Zubereitungszeit: 45 Minuten

Schwierigkeitsgrad: Einfach

Zutatenliste für mehrere Portionen:

Chilipulver, Meersalz, Pfeffer, 150 g Hackfleisch, 1 Zwiebel, 1 Möhre, ½ Ei, 1 Prise Muskat, 20 g Sonnenblumenkerne, 1 El Butter, 50 ml Milch, 1 Tl Honig, 120 g Kartoffeln, Weitere Gewürze und Kräuter, ein bisschen Semmel

Zubereitung:

1.) Verwenden Sie für dieses Rezept am besten Semmel vom Vortag. Der Semmel muss zuerst in Wasser eingeweicht werden. Den Semmel gut ausdrücken und dann mit dem Hackfleisch vermengen. Die Zutaten pfeffern und salzen. Zwiebel schälen und fein hacken. Die Möhre putzen und schälen. Die Möhre grob raspeln.

2.) Dann alle Zutaten mit Zitronensaft vermischen. Nun die Sonnenblumenkerne und das Ei hinzufügen und alle Zutaten zu einer gleichmäßigen Masse verkneten.

3.) Eine beschichtete Pfanne mit Öl erhitzen. Aus der Masse Bällchen formen. In der Pfanne die Bällchen von beiden Seiten anbraten. Die Zutaten pfeffern und salzen.

4.) Die Kartoffeln putzen und schälen. Kartoffeln in kleine Stücke schneiden und garen. Butter und Milch in einen Topf geben und beide Zutaten miteinander erwärmen. Kartoffeln abgießen und zu der Butter und Milch geben. Die Zutaten gut zerstampfen. Pfeffer, Salz und Muskat darüber streuen.

5.) Ein bisschen Honig über die Bällchen in der Pfanne gießen. Am Ende alle Zutaten auf dem Teler servieren. Falls noch Bedarf besteht die Zutaten würzen.

Leckerer Kartoffelbrei

Zubereitungszeit: 30 Minuten

Schwierigkeitsgrad: Einfach

Zutatenliste für mehrere Portionen:

800 g mehlige Kartoffeln, Pfeffer, Meersalz, 40 g Butter, 200 ml Milch, 1 Prise Muskat

Zubereitung:

1.) Die Kartoffeln putzen und vierteln. Die Kartoffeln in ausreichend Wasser zubereiten. Wasser salzen und pfeffern.

2.) Kartoffeln abgießen und mit einem Kartoffelstampfer verarbeiten. Die Butter und die Milch untermengen.

3.) Die Zutaten mit einem Schneebesen verarbeiten. Anschließend nach Belieben würzen.

Rosmarinkartoffeln

Zubereitungszeit: 15 Minuten

Schwierigkeitsgrad: Besonders einfach

Zutatenliste für mehrere Portionen:

Meersalz, Pfeffer, 300 g Pellkartoffeln, 2 Zweige Rosmarin, 2 El Olivenöl, 1 Knoblauchzehe

Zubereitung:

1.) Die Knoblauchzehe durch die Knoblauchpresse geben. Kartoffeln putzen und vierteln. Knoblauch in einer Schüssel mit dem Olivenöl vermischen. Salz und Pfeffer darüber streuen. Rosmarin zerkleinern und untermischen

2.) Die Soße über die Kartoffeln geben.

3.) Eine Pfanne mit Öl erhitzen und die Kartoffeln mit der Soße darin anbraten.

Gesunde selbstgemachte Pommes

Zubereitungszeit: 60 Minuten

Schwierigkeitsgrad: Einfach

Zutatenliste für mehrere Portionen:

Pommesgewürz aus dem Supermarkt, Pfeffer, Salz, 500 g gleich große Kartoffeln, 2 El Öl

Zubereitung:

1.) Um Kalorien einzusparen, werden diese Pommes im Backofen zubereitet. Die Kartoffeln putzen und dann in gleich große Pommesstifte schneiden. Eine Schüssel mit kaltem Wasser auffüllen. Die Pommesstifte für eine halbe Stunde darein geben. Die Pommes danach mit einem Küchentuch gründlich abtrocknen.

2.) Den Backofen auf 220 Grad vorheizen. Ein Backblech mit Backpapier auslegen. Die Pommes auf dem Backblech verteilen. Die Gewürze über den Pommes verteilen. Öl über die Pommes gießen.

3.) Die Pommes für 20 Minuten im Backofen backen.

Histaminarme Ofenkartoffeln

Zubereitungszeit: 45 Minuten

Schwierigkeitsgrad: Mittel

Zutatenliste für mehrere Portionen:

Meersalz, Pfeffer, 150 g Kartoffeln, 40 g Radieschen, 1 Bund Petersilie, 10 g Radieschensprossen, ein halber Becher Speisequark, etwas Schmand

Zubereitung:

1.) Die Kartoffeln putzen und dann im Topf für 20 bis 25 Minuten blanchieren. Danach die Kartoffeln abgießen und ein Backblech mit Backpapier auslegen. Die Kartoffeln darauf auslegen und für 20 Minuten bei 200 Grad backen.

2.) Radieschen putzen und in gleich große Stifte schneiden. Petersilie waschen und trocken schleudern. Die Petersilie in kleine Stücke hacken. Den Schmand mit dem Quark vermengen. Quark pfeffern und salzen.

3.) Radieschen mit den Sprossen und den Petersilien vermengen. Ungefähr die Hälfte von dem Quark unterheben und mit den Zutaten vermischen. Die Mischung dann auf den fertigen Kartoffeln verteilen. Die Kartoffeln mit dem restlichen Quark servieren.

Brokkolisuppe

Zubereitungszeit: 30 Minuten

Schwierigkeitsgrad: Einfach

Zutatenliste für mehrere Portionen:

1 Zwiebel, 1 Knoblauchzehe, Pfeffer, Meersalz, 100 g Kartoffeln, 1 El Öl, 120 g tiefgefrorener Brokkoli, 250 ml Gemüsebrühe, 7 g Mandelblättchen, 40 ml Schlagsahne, 1 Prise Muskat

Zubereitung:

1.) Die Zwiebel schälen und fein hacken. Die Knoblauchzehe durch eine Knoblauchpresse geben. Die Kartoffeln putzen und in kleine Würfel schneiden. Einen Topf mit Öl erhitzen. Knoblauch und Zwiebeln in dem Topf dünsten.

2.) Den Brokkoli und die Kartoffeln in den Topf geben und mitdünsten. Die Zutaten nach Belieben würzen. Mit der Gemüsebrühe ablöschen. Den Topf zudecken und für mindestens 10 Minuten köcheln lassen.

3.) Die Mandeln in einer beschichteten Pfanne ohne Öl braten. Dann die Mandeln herausnehmen und erstmal bei Seite stellen. Die Schlagsahne mit dem Schneebesen steif schlagen.

4.) Gemüse vom Topf mit dem Pürierstab verfeinern. Danach die Sahne unterrühren. Mit Gewürzen nach Wahl abschmecken. Zum Schluss noch mit den Mandeln garnieren.

Hackbällchen mit Gemüse

Zubereitungszeit: 50 Minuten

Schwierigkeitsgrad: Mittel

Zutatenliste für mehrere Portionen:

Pfeffer, Meersalz, 1 Zwiebel, ein halbes Brötchen, 3 El Paniermehl, 220 g Hackfleisch, ein halbes Ei, 1 Tl Senf, 300 g Kartoffeln, 400 g Kohlrabi, 100 ml Milch, 10 g Mehl, 10 g Butter, 200 ml Gemüsebrühe

Zubereitung:

1.) Die Zwiebel schälen und fein hacken. Das Brötchen einweichen. Geben Sie das Brötchen in eine Schüssel. Das Fleisch und das Paniermehl hinzufügen. Senf und Ei unterheben. Die Zutaten gut miteinander vermengen. Die Zutaten pfeffern und salzen. Aus der Masse nun passende Bällchen formen.

2.) Kohlrabi putzen. Schnippeln Sie den Kohlrabi in kleine Würfel. Die Brühe in einen Topf geben und aufkochen. Kohlrabi in den Topf geben. Pfeffer und Salz darüber streuen. Kohlrabi im Topf für 10 Minuten garen. Die Kartoffeln putzen und schälen. Die Kartoffeln für 20 Minuten in Salzwasser zubereiten.

3.) Eine beschichtete Pfanne mit Öl erhitzen. Die Hackbällchen in die Pfanne legen und anbraten. Nach 10 Minuten Kohlrabi und die Kartoffeln durch einen Sieb geben. Ein bisschen von der Brühe auffangen.

4.) Butter in einem Topf schmelzen lassen. Mehl dazugeben. Kurz anrösten und dann zu den Hackbällchen geben. Alle Zutaten miteinander vereinen. Falls noch Bedarf besteht, die Zutaten würzen.

Histaminarmes Rinderfilet

Zubereitungszeit: 45 Minuten

Schwierigkeitsgrad: Einfach

Zutatenliste für mehrere Portionen:

Pfeffer, Meersalz, 3 Zweige Thymian, 2 Knoblauchzehen, 1 Tl Zitronensaft, 300 g Kartoffelpuffer, 2 El Öl, 1 El Sonnenblumenkerne, 150 g Rinderfilet, 200 g Brokkoli, 1 El Butter,

Zubereitung:

1.) Pressen Sie die Knoblauchzehen mit einer Knoblauchpresse. Waschen Sie den Thymian und zerschnippeln Sie ihn klein. Knoblauch mit dem Thymian, Olivenöl, Pfeffer und Salz vermengen. Rinderfilet trocken tupfen und dann mit der Marinade übergießen oder in die Marinade einlegen. Für einige Minuten ziehen lassen. Wir empfehlen das Fleisch für mindestens eine halbe Stunde zu marinieren.

2.) Rösten Sie die Sonnenblumenkerne in einer Pfanne an. Die Kerne dann wieder herausnehmen und bei Seite stellen. Die Kartoffelpuffer hineingeben und von beiden Seiten wenden.

3.) Würzen Sie das Fleisch von beiden Seiten. Eine Pfanne auf dem Herd erhitzen. Braten Sie das Fleisch in der Pfanne. Wickeln Sie das Fleisch mit einer Alufolie.

4.) Brokkoli putzen. Schnippeln Sie den Brokkoli in kleine Stücke. Am Ende alle Zutaten zusammenbringen.

Kartoffelpüree mit Rucola

Zubereitungszeit: 30 Minuten

Schwierigkeitsgrad: Einfach

Zutatenliste für mehrere Portionen:

Pfeffer, Meersalz, Paprikapulver, 500 g Kartoffeln, 1 El Butter, 50 g Rucola, 10 g Petersilie, 1 Knoblauchzehe, 100 ml Milch, 1 Prise Muskat

Zubereitung:

1.) Die Kartoffeln putzen und in gleich große Stücke schneiden. Einen Topf mit Wasser befüllen und die Kartoffeln darin köcheln. Die Kartoffeln für 15 Minuten kochen. Pfeffer und Salz hinzugeben.

2.) Rucola waschen und grob hacken. Die Milch erhitzen. Die fertigen Kartoffeln mit einem Kartoffelstampfer weiterverarbeiten. Dann die Milch und die restlichen Zutaten dazugeben und gut miteinander vermischen.

3.) Falls noch Bedarf besteht das Gericht nachwürzen.

Vegane Bratlinge

Zubereitungszeit: 50 Minuten

Schwierigkeitsgrad: Mittel

Zutatenliste für mehrere Portionen:

Meersalz, Pfeffer, Paprikapulver, 500 g Äpfel, ½ Zitrone, 3 große Kartoffeln, ein halbes Ei, 1 Zwiebel, 130 g Kürbis, 1 Prise Muskat, 2 El Öl

Zubereitung:

1.) Die Äpfel putzen. Entkernen Sie die Äpfel. Schnippeln Sie die Äpfel in kleine Würfel. Die Äpfel in einen Topf geben. Pressen Sie den Saft der Zitrone aus. Zitronensaft in den Topf geben. Die Zutaten mit Wasser aufkochen. Gewürze untermischen. Lassen Sie die Zutaten für 15 Minuten köcheln.

2.) Die Kartoffeln putzen und dann fein raspeln. Den Kürbis schälen und dann ebenfalls grob raspeln. Die Zwiebeln schälen und fein hacken. Geben Sie die Zutaten in eine Schüssel. Vermengen Sie die Zutaten mit der Hand gut.Geben Sie das Ei in die Schüssel. Falls noch Bedarf besteht mit Pfeffer, Salz und Muskat würzen.

3.) Öl in eine beschichtete Pfanne geben und erhitzen. Aus den Zutaten Bratlinge formen und in der Pfanne von beiden Seiten anbraten. Die Bratlinge mit den gekochten Äpfeln servieren.

Histaminarmes Risotto

Zubereitungszeit: 20 Minuten

Schwierigkeitsgrad: Einfach

Zutatenliste für mehrere Portionen:

100 g Risottoreis, Pfeffer, Meersalz, 1 Knoblauchzehe, 250 g Möhren, 1 Bund Petersilie, 1 Tl Kurkuma, 500 ml Wasser, 2 El Olivenöl

Zubereitung:

1.) Die Knoblauchzehe durch die Knoblauchpresse geben. Die Möhren putzen und schälen. Möhren in kleine Scheiben schneiden. Petersilien putzen und fein hacken. Petersilien erstmal bei Seite stellen.

2.) Einen Topf mit Öl erhitzen und das Risotto kurz anbraten. Das Wasser in den Topf gießen. Am Ende alle Zutaten miteinander vereinigen.

Kürbiscremesuppe

Zubereitungszeit: 25 Minuten

Schwierigkeitsgrad: Einfach

Zutatenliste für mehrere Portionen:

Pfeffer, Meersalz, 300 g Kürbisfleisch, 2 kleine Karotten, 300 ml Wasser, 30 g Butter, 150 ml Sahne, 1 kleine Chilischote, 1 kleines Stück Ingwer

Zubereitung:

1.) Schnippeln Sie den Kürbis in kleine Stücke. Bringen Sie die Butter im Topf zum Schmelzen. Dünsten SIe Ingwer und den Kürbis in dem Topf an. Die Zutaten pfeffern und salzen. Füllen Sie den Topf mit dem Wasser und der Milch auf.

2.) Die Chilischote längs halbieren und in kleine Stücke schneiden. Die Karotten putzen und in kleine Würfel verarbeiten. Die Zutaten in den Topf geben und zugedeckt für 15 Minuten kochen. Verfeinern Sie die Zutaten mit dem Pürierstab.

3.) Falls noch Bedarf besteht, die Suppe nachwürzen.

Hokkaido-Schiffchen

Zubereitungszeit: 35 Minuten

Schwierigkeitsgrad: Einfach

Zutatenliste für mehrere Portionen:

Chilipulver, Pfeffer, Salz, 1 Hokkaido-Kürbis, etwas Creme Fraiche

Zubereitung:

1.) Den Kürbis putzen und entfernen. Das Fruchtfleisch herausholen. Das Fruchtfleisch in 2 cm dicke Schiffen schneiden.

2.) Die Schiffen mit Öl bestreichen. Die Schiffen mit Gewürze bestreuen und auf einen Backblech mit Backpapier auslegen.

3.) Die Schiffen für 20 Minuten bei 220 Grad im Backofen backen. Zum Schluss mit Creme Fraiche servieren

Püree aus Pastinaken

Zubereitungszeit: 20 Minuten

Schwierigkeitsgrad: Einfach

Zutatenliste für mehrere Portionen:

Pfeffer, Meersalz, 7 Pastinaken, 1 El Olivenöl

Zubereitung:

1.) Den Ofen auf 220 Grad vorheizen.

2.) Die Pastinaken in gleich große Stücke unterteilen. Dann mit Olivenöl vermischen.

3.) Pastinaken nach Belieben würzen.

4.) Pastinaken auf einem Backblech mit Backpapier auslegen und für 25 Minuten in den Ofen geben. Danach herausholen und kurz abkühlen. Die Pastinaken mit einem Stabmixer pürieren.

Haftungsausschluss

Die Umsetzung aller enthaltenen Informationen, Anleitungen und Strategien dieses Buches erfolgt auf eigenes Risiko. Für etwaige Schäden jeglicher Art kann der Autor aus keinem Rechtsgrund eine Haftung übernehmen. Für Schäden materieller oder ideeller Art, die durch die Nutzung oder Nichtnutzung der Informationen bzw. durch die Nutzung fehlerhafter und/oder unvollständiger Informationen verursacht wurden, sind Haftungsansprüche gegen den Autor grundsätzlich ausgeschlossen. Ausgeschlossen sind daher auch jegliche Rechts- und Schadenersatzansprüche. Dieses Werk wurde mit größter Sorgfalt nach bestem Wissen und Gewissen erarbeitet und niedergeschrieben. Für die Aktualität, Vollständigkeit und Qualität der Informationen übernimmt der Autor jedoch keinerlei Gewähr. Auch können Druckfehler und Falschinformationen nicht vollständig ausgeschlossen werden. Für fehlerhafte Angaben vom Autor kann keine juristische Verantwortung sowie Haftung in irgendeiner Form übernommen werden.

Urheberrecht

1. Auflage
Kontakt: JT-Handels-UG/ Berumer Str. 44/ 26844 Jemgum